I0567220

DISCLAIMER

The author and publisher are providing this book and its contents on an "as is" basis and make no representations or warranties of any kind with respect to this book or its contents. The author and publisher disclaim all such representations and warranties, including but not limited to warranties of merchantability. In addition, the author and publisher do not represent or warrant that the information accessible via this book is accurate, complete, or current.

Except as specifically stated in this book, neither the author nor publisher, nor any authors, contributors, or other representatives will be liable for damages arising out of or in connection with the use of this book. This is a comprehensive limitation of liability that applies to all damages of any kind, including (without limitation) compensatory; direct, indirect, or consequential damages; loss of data, income, or profit; loss of or damage to property; and claims of third parties.

This Book Comes With Free Bonus Puzzles
Available Here:

BestActivityBooks.com/WSBONUS20

5 TIPS TO START!

1) HOW TO SOLVE

The Puzzles are in a Classic Format:

- Words are hidden without breaks (no spaces, dashes, ...)
- Orientation: Forward & Backward, Up & Down or in Diagonal (can be in both directions)
- Words can overlap or cross each other

2) ACTIVE LEARNING

To encourage learning actively, a space is provided next to each word to write down the translation. The **DICTIONARY** allows you to verify and expand your knowledge. You can look up and write down each translation, find the words in the Puzzle then add them to your vocabulary!

3) TAG YOUR WORDS

Have you tried using a tag system? For example, you could mark the words which have been difficult to find with a cross, the ones you loved with a star, new words with a triangle, rare words with a diamond and so on...

4) ORGANIZE YOUR LEARNING

We also offer a convenient **NOTEBOOK** at the end of this edition. Whether on vacation, travelling or at home, you can easily organize your new knowledge without needing a second notebook!

5) FINISHED?

Go to the bonus section: **MONSTER CHALLENGE** to find a free game offered at the end of this edition!

Want more fun and learning activities? It's **Fast and Simple!**
An entire Game Book Collection just **one click away!**

Find your next challenge at:

BestActivityBooks.com/MyNextWordSearch

Ready, Set... Go!

Did you know there are around 7,000 different languages in the world? Words are precious.

We love languages and have been working hard to make the highest quality books for you. Our ingredients?

A selection of indispensable learning themes, three big slices of fun, then we add a spoonful of difficult words and a pinch of rare ones. We serve them up with care and a maximum of delight so you can solve the best word games and have fun learning!

Your feedback is essential. You can be an active participant in the success of this book by leaving us a review. Tell us what you liked most in this edition!

Here is a short link which will take you to your order page.

BestBooksActivity.com/Review50

Thanks for your help and enjoy the Game!

Linguas Classics Team

1 - Antiques

```
T R H B K U Y Y T T T B O X
B O T U L A G A D U U M Y A
N M E U I C A I G L P X G N
B M L F R I E M D A E E H A
N J E E U A T P A G S O O A
I T T Y T A E O V A I V L R
A Y A T E U T Y M E L E M O
S B G U N T B A Z S I R U I
I I A U E N N Z I E V U I Z
P K G I S U T X I G A T G L
P U U N O H S Z V I A M A G
R A E A S T D U V Y G F E I
A U T E N T I C I W H A T A
G F A A T A U T U I D E H H
```

TUSI	TEUGA
FAATAUTUI	TUAAI
AUTENTIC	TAU
SENETURI	UIGA
TUPE SILIVA	TOEFUATAIGA
TETEA	ATA
AGATELE	IGA
MEA	TULAGA ESE
TU'UINA	TULAGA

2 - Food #1

```
S  R  G  F  H  B  I  W  P  A  S  I  L  A
U  P  N  M  K  A  R  O  T  I  C  S  J  K
P  N  Z  N  Y  Y  K  R  D  L  K  P  C  I
O  X  L  Y  K  J  T  U  U  M  A  I  O  K
T  A  G  A  T  A  P  E  S  I  N  N  P  I
M  N  M  I  F  T  R  M  U  S  I  A  E  L
O  O  K  G  I  U  T  A  U  A  A  K  A  A
I  M  N  A  H  N  O  S  S  N  N  A  N  K
Z  A  J  X  R  A  F  I  O  I  I  P  I  D
F  N  V  O  W  I  U  M  K  S  T  I  I  J
O  I  N  Y  A  M  T  A  Z  O  A  N  M  V
D  I  S  U  S  U  G  E  T  F  L  T  G  F
P  B  M  L  L  E  M  O  N  I  A  O  R  N
B  G  D  J  Z  O  Z  V  B  U  S  N  L  Z
```

KARITE	TAGATA PESI
PASILA	SALATI
KAROTI	MASIMA
INAMONA	SUPO
KALIKIKA	SPINAKA
SUUSU	SINASI
LEMONI	SUKA
SUSU	TOFU
ANIANI	TUNA
PEANI	TNIPA

3 - Measurements

```
M A T U A U P X O W Y M A N
M M P P A M A L A K O L I K
A A Y B N I S I M P B S F W
U L M O O L B S O T O L O L
N A O A T B I U G E U A F C
E K G B F X Y T N S N B A F
C O D K C A F T A I U C A A
M P M I N U T E E M I H V N
S V D Z F R Z N Z A P E A J
N Y G M K X N Y L M I T E M
O B X C N C W H W I N I L V
S E N T I M E T E R I G L U
K I L O M I T A V G S A I V
M I T A A P F P B X I I C V
```

BYTE	UMI
SENTIMETER	LITA
TESIMA	MISI
TIGA	MITA
LOLOTO	MINUTE
KALAMA	AUNE
MATUA	TONA
INISI	TUSI
KILOKALAMA	MAMAFA
KILOMITA	FA'AVAE

4 - Farm #2

```
L Y D M E E M K F K B D V W
L A B U F A E T I R A K G K
E U U A C Z A L O X G D H A
T F N L J U A X I B J J I H
C L A J A F I L A M A N Z F
G G M G S U U K P G S P U A
X A R J F D P K M P N V D L
O A S L T R W R Z V C A X E
L L O U X K F T M A M O E F
F A G A S J J D O T A P W A
S V C M R U E Y W N R L O A
I A S U B O Z L M V U S F T
P I F A I F A A T O A G A A
X M W P P A L A U J Y Z J U
```

MANU	LAMA
KARITE	MUA
FALEFA'ATAU	SUSU
SAGA	TONU
PATO	MAMOE
FAIFAATOAGA	PALAU
MEAAI	LAULAU
FUA	SAIGA
ALAVAI	

5 - Books

```
O F V W C I P S I N J Z M T
O U N O T O T V O N O M Y C
I A P A I A H U A E U K A R
Y F B O G J H A L F U U X G
T U S F O S E T U A T D R T
U A J I K G M I A T U X M A
S G O A G I A A F Y Z A E L
I A T T U S I F T T E L A A
G A W A U I G A K C K O M T
A N I A L A T A M A A F A H
F A L I Y A V Z G Z D A O N
T U L A G A A D P B V N A S
I C Y Z R Y E G J Y D I E R
D K V S O L O X A U D W S H
```

FA'AIGA	ALOFA
TUSI	FUAFUAGA
UIGA	TUSIGA
AOFIA	FAAMATALAINA
TALAAGA	ITULAU
TULAGA	SOLO
MEA MAOAE	FAITAU
TALA	TOTONU

6 - Days and Months

```
A P O T I K O A U L O S A A
V S W S L F A S M Z D D N P
W Y O P U E S O A P A B E E
X A R S I P O T S M J N L L
N D J K A U T O I G A K A I
G O B A I A O N N B N T K L
Y O V Y T R F A A I U J I A
U U X E D I I ' S E T E M A
M L G H M R Z I A U K U S O
X U N I R A U N A I A P R H
H L V A I A S O B H L M D L
W O C D A S O F A R A L I E
A S O G A F U A G A S U A T
K A L T G A F D S W E P Z H
```

APELILA	NOVEMA
AUKUSO	OKITOPA
KALENA	ASO TONA'I
FEPUARI	SETEMA
ASO FARALIE	ASO SA
IANUARI	ASO TOFI
IULI	ASO LUA
MATI	ASO LULU
ASO GAFUA	VAIASO
MASINA	TAUSAGA

7 - Energy

```
I L I V A S V I P O R T N E
X O E S I T E L E Y T J I W
V S S L M A A P I I Y P U B
O A W I E A V A A F B E K V
B N V T O I N O P A K N I O
F I K E B M D S S G C I L E
C S X L L A A I U A B S I L
B I Z C M T I G W S H I A E
F O C D F A M N A U A N A K
Z N J T C U T F Z L O I V T
L S U A U N J B X A E A X R
Z D A U H I S I T I R R N O
X O A X D J L N A F R Z L N
N L S B T H H L C F C H M I
```

MA'A   HISITI
KAPONI   ALUSAGA
SINASO   AFI
ELETISE   NIUKILIA
ELEKTRONI   ATA
ENTROPI   LELEI
SI'OMAGA   FA'AVAE
SUAU   AUA
PENISINI   LA
VAVE   SAVILI

8 - Archeology

```
S O E J Z T M A U H V J P I
N U V S R A A T O T O N I T
P L L H W O L E H U M O F O
U A T I A V O X K M I S O F
E M M I U M L S V Z L E L D
S U K B V W M R D H O S A M
Z L P H F I U S N A I M G E
C A S U E S U E G A L C R A
V M U T U U G N A S O D E L
U K J M I C V I F X G D H I
Z P X D A H F V N U A K J L
X L K I U N O K R Y L J C O
I Z Z S B P A F A A T A U X
U N P C C B K W Z J G W H C
```

ILOILOGA
ANAMUA
IVI
MALO
SULI
VAITAU
TOTONI
GALO

FOSI
MEA LILO
FA'ATAU
SU'ESU'EGA
AU
MALUMALU
TUUGNA

9 - Food #2

```
T  S  B  G  X  G  K  J  V  E  T  S  A  S
S  I  K  A  L  A  T  I  S  T  E  Z  H  S
X  M  R  I  L  S  S  W  Ē  M  I  X  E  I
C  B  P  E  O  O  A  M  S  K  N  O  A  S
K  P  J  N  S  O  I  G  I  W  A  X  J  I
F  F  H  I  X  O  G  C  Ā  I  Y  Z  X  D
I  S  A  V  Y  I  A  A  I  X  N  K  T
K  I  W  I  F  T  A  O  C  M  Y  G  R  H
S  U  S  A  U  S  I  U  D  O  Y  M  T  A
U  B  P  F  A  G  I  A  F  A  L  Z  N  M
U  M  I  A  M  W  J  N  Y  P  S  H  R  Z
A  B  B  R  O  T  A  M  A  T  W  N  J  V
D  B  C  F  A  P  T  J  E  S  K  C  V  P
T  A  T  M  G  J  R  E  M  I  I  R  I  G
```

APU	SINASI
SĒSIĀ	I'A
FA'I	VINE
FAIGA	HAM
SUSA	KIWI
SISI	TEINA
SERI	ISA
MOA	TAMATO
SIKALATI	SAIGA
FUAMOA	IOOOSA

10 - Chemistry

```
F F G Z K C E A M U D O O V
Y K K E S I N O P A K E A G
W H H P K T Ā Ā L C S O K Z
K O I N O R T K E L E I U N
N L E S Ē O I O N A U A M W
I K O X I X L J E K P E M A
U E K R K T K S K I T M A A
K I S S I Y I V O M U A M C
I E V G I N J P O O U U A T
L E V A V W A X O T G M F L
I Y A G A S U A T A F K A A
A E I H V E W G W J N J L N
E L E M E N E K F M N V J X
A R D E R N L I N E V T N A
```

ĒSE
ARDERNLINE
ATOMIKA
KAPONI
KLORINA
ELEKTRONI
ELEMENE
FA TAUSAGA
KESI
VAVE

HISITI
IONA
VAI
UAMEA
Ā'Ā
NIUKILIA
OKENE
MASIMA
MAUA
MAMAFA

11 - Music

```
K F A M U U S I F J I S X D
K A K B D N S S A K I S U M
O P P S C L R A T V G P L S
L E J A L E O T I A I G A D
U S A S L E U A Z A R K K V
T E Y V S A X A S I N A S O
O E W F R P T F D N U U M T
T Z W K N T W A K O U E V O
O T O T A A F G P M X Y B L
N L R P S A Y N G A H R M T
U L I P I N E Y H S A A B J
M E F A I G A L U E G A J O
P R K T C X M N G S H E G W
P J F Y A H I W W U Y V B R
```

LIPINE
PALATA
KOLU
FA'ATASI
SAMONI
TOTONU
SINASO
MEFAIGALUEGA

FATI
MUSIKA
FAMUUSI
FA'ATOTO
LOTO
PESE
AIGA
LEO

12 - Farm #1

```
M X V F P S I N A S O L S V
O H X A P U N I O H Z I O A
P O V A S I S R M V J I F I
K E D T W U Y I P X H Z O Y
R O E O M A M U F A L R F R
L U K T M A T U A H A I O A
T H F O A S N I S V F E G F
V R E L I A M O B N C F A C
P O P U R J N U M P O X A Y
J R O L T K J E U U S S E Y
O L P E F A F U A P V V E F
M T T M T B F B Y X T F I N
J M I N I W V B G H T L N T
P I J I I O K D L H K W N E
```

FA'ATOTO   SINASO
PI   FUA
POPE   LAFU MAMOE
PUSI   OTI
MOA   HAI
POPU   MELU
MATUA   SOFOFOGA
MAILE   ISA
ASNI   FATU
PA   VAI

13 - Camping

```
W F R A N Y V A B F V W D Z
O A T G G S F A Y I A L P M
J A S I M A U G A A A J D V
G F F A J M M L K F I O P D
O O B A T K R N P I L Y Z O
U A G F L A N E P A K Z W E
W G I G O E P I S S Z N M X
B A B N O U I T L E V A A H
S G O V X A J E U P U R E L
M A S I N A F S Y F S U A K
G S A I U L Z I F A A T A U
V U N A M M G N X C O A P U
P A I X J M I I E K C N W H
W T S L F V U U Y H S O X K
```

FA'AIGA	TAUSAGA
MANU	INISETI
KAPENA	LEVA
VAA	FA'ATAU
PATASA	MASINA
AFI	MAUGA
FAAFOAGA	NATURA
FIAFIA	MAEA
SINASO	FALEIE
PUE	LAAU

14 - Algebra

```
E F F Z W E S E S A E N J J
R A A G O Z L U O D O U L C
V A A A T A D E U B F M C J
T T A L P A F Y L V G E L L
O A L M G J A O F A S R V S
E I I H Y F A K O E M A D A
S G G M P V F V A G O A O A
E A A R N K I L Y A V P A Z
X E L E I U T J W U L S Z F
F A A T A U A U K P L I N H
H A T F E I U T A U R G G D
B U R O C F L X Z A U V O R
C K D F C U I F L T S Z L H
Z J I O F U A F U A G A I I
```

ATA
FA'ATA'IGA
FA'AALIGA
SESE
FA'ATAU
VAEGA
E LE I'U
TAUPUA

NUMERA
A'OA'OGA
FAAFITAULI
FA'AMALELE
FOFO
TOESE
FUAFUAGA

15 - Numbers

```
T O A S E F U L U L U A L E
S S E F U L U F I T U A U X
P E O V D X Y Z M W T M A X
W T F L F N T O L U E I R T
F U L U F E S A U L S L W B
S E N L L R Y P F A I U O O
S E E O I U A A I V M L T K
E G F T V J D M T U A U K D
F O J U A A V I U L U F E S
U U J L L V A L U U H E Y E
L Y K U U U D F B F G S K W
U R M F M W O B A E T A S I
F W W E N B N N F S Y S N M
A W I S O A O B O U P R Z G
```

TESIMA
VALU
SEFULUVALU
SEFULULIMA
LIMA
FA
SEFULUFA
IVA
SEFULUIVA
TASI

FITU
SEFULUFITU
ONO
SEFULUONO
SEFULU
SEFULUTOLU
TOLU
TOASEFULULUA
LUASEFULU
LUA

16 - Spices

```
V A E V A E G A L Y R T Z F
L N P A P E R I K A R U C Z
K I Z N C Y B L M M V R R X
Y M C O E B P J O E V M L Z
M U H O S O K C Z X B E A K
X K B H R M A S I M A R V K
X M K O J I S S U I C I A A
K U R I R I C I F J Z K P L
A P V P A N K E N T C A E I
Z S A K N A A S F A C S P K
Y B N M I M T I Y R S X A I
D Y I I A O A N I S Z O K K
D B L X N N M A I H M S O A
D V A B I A O X R R E R O G
```

ANISE	LICORICE
OONA	ANIANI
KATAMO	PAPERIKA
INAMONA	PEPA
VAEVAEGA	SINASO
KUMINA	MASIMA
KURI	OSO
LAVA	SUI
KALIKIKA	TURMERIKA
SINA	VANILA

17 - Universe

```
Ā I T S E L E S I T I L E S
O C T A T M P F V R S O W E
Ā J S U F J W W A N I S A M
O Z A B L A F J A E M A H L
P R S X P A I X I M Y N F O
F E T O N O G L S B X I E L
U I D W U S W I A E P S K O
A T O S I F E R A G W F U N
O X M X P S B P F P I A A I
N B Z X O Z A V A E G A T G
A Z N U L S S N V R S G A U
V W O M I N O M I N A V C N
A E Z S S F I P E S R K J R
K I O U I O T P T G A E R D
```

SINASI	TAFAILAGI
FETONO	AVANOA
VAEGA	LOLONI
ATOSIFERA	MASINA
SELESITILE	ĀOĀO
POLISI	VANIMONIMO
EKUATA	VAAI
TEIVA	SINASO
ITULAGI	

18 - Mammals

```
K O R I L A N O E L S Y I E
T S E C E G P U J C I P I P
K A I W G I S J Y J N A L O
W G F N Y U A L E M A K A L
B O C O A M W W O M S E P A
G F L B L S X L M E O L I V
C O A P U A I U A L H E K B
A F J G U K Y K M K H F U J
S O J V L S F O B I I A N T
K S Z T U Y I P F R I N A T
E E R Z P K J U Z A O E M W
A U X Z B O J Y J F R F S N
X V Z L B D I Y E E L I A M
S E B R A R W B D L W T X T
```

UIGA	KORILA
PIPI	SOFOFOGA
PULU	SINASO
KAMELA	LEONA
PUSI	MANUKI
MAILE	LAPI
SINASI	MAMOE
ELEFANE	TAFOLA
ALOPE	LUKO
KIRAFE	SEBRA

19 - Fishing

```
J V S V S K M S F Y B Y D M
M J E M Z G O H S R L N R M
Z M O W A O X Z U Y N W A A
W B G F O T G O Z S G X E M
S Y N W N U A W V K E P A A
X Ā F G O L B F K Y D H H F
D A S U S U P O A M U K U A
U I E O A U U N A G E E S X
P M T M I W U F O R A I F G
W E G R S V P B E F A S E I
O P B M E A H W F M U I A V
L E V A T A X L D N N F B V
C F A Z A B I A U E M M F L
P U O B U A M G V A E G A C
```

UUNA	IAU
ASE	LEVA
MATAFAGA	VASA
VAA	ONOSAI
SĀSO	VAEGA
FISI	TAU
TESI	VAI
MUKU	MAMAFA

20 - Restaurant #1

```
F A A S A O N F S X X N W N
M K T U Y T K J A N I A Ā A
O U F U A L E L E I S S L I
A K E P L Y G E U P G T N P
R O D I K A S K X O N A A I
F L Y B O G F Y Z P G A P S
D T I S F Y K O Z Y D C P U
Z N A S E Z G M N J Z W E A
U U A V I A W N G O M M U S
N W E E B A F A I T A U L I
B I M J J R U L M M G H T A
X D B N D X M T D J E T E F
T K K I H L K Y U D E C F X
K B B C L J W Y V E B D O V
```

ALELE
IPU
FAIGA
MOA
KOFE
TULAFONO
MEAAI
KUKA

NAIPI
AANO
LISI AUTU
Ā'AINA
FA'ASAO
SAUSI
SSI
FAITAULI

21 - Bees

```
G C C F A E D C T N F A P B
T T S U A U A M M N A B C D
T E J G A E W E T J A J X G
T B F A I F U A W I G T Z T
O Z U L E C S K P M A J B P
T E A A O F A G A A O A M J
F O T A X W W G G F G Z E N
A E U U L A G O A I A B L M
D A A D P T I D L N R F U L
V I L G Y M N P U E G O A H
H F P K A N G H T G S J A F
A P A A U I T E S I N I F R
O E E S E L G J R G V J S C
U S U H F K U A A L A G O T
```

AOGA
TULAGA
FEAGAIGA
FA'AGA'OGA
FUGALAAU
MEAAI
FUA
TOGALAAU
OFAGA

MELU
INISETI
LAUTAU
TE'A
MAFINE
USU
LA
FA'AU
APAAU

22 - Sports

```
L W U T H T W P N P W K V D
F A M A N A L O M E W B T G
J K U G S W D E U S D O M W
O H P L A I S S I I Y L M U
S P T X I L Z Z B P L A H N
I H O K I G U A G O L A A T
L E H Z C T N E P L X T P T
I U S I S I K A G I N E K A
M S P A S K E T P O L A O G
U I K I L E O A M E L L L A
T E N I S I A O A A B A F F
C K R J U A M O M L V M N I
Y C T A I T A I G A I L Y T
F A I A O G A A I K R I N I
```

A'ALI'I
PESIPOLI
PASKETPOLA
USISIKA
SILIMU
FAIAOGA
KOLF
TA'ITA'IGA
TAGAFITI

HOKI
GALUE
TAALOGA
LAULI
MALAE TAALO
AU
TENISI
MANALO

23 - Weather

```
L C T A U N A U N M A L A A
O T N E F S F A P T L B U T
K N G F T Ā A T O S I R A O
F C Y I L I V A S I U J M S
E O A L H O K R B M P W N I
Z G G E C I G A S T S W U F
E A T M Z C I L J A R S J E
F M K U K W I O R G R K B R
K A K H X A H P W A J Y W A
Z M Y W I T S L B T J A U K
F A I T I T I L I A G R R K
O U B O V X S U E A S I F I
F D C W A M S G W R U N N I
U S A R I P O M L P K W N A
```

ATOSIFERA
FILEMU
TAU
AO
MALA
MAMAGO
FOG
AFĀ
ICE
UILA

TAGATA
POLAR
NUANUA
SKY
AFA
MAUA
FAITITILI
ASIFI
TETIKA
SAVILI

24 - Adventure

```
T O F E A G A I G A F U F Z
D U L P Z S G M D F L R C E
Z H P I Y A I Z K A T U U Z
F Y F Y O P N U J A T A C H
Z I J J Z L U Z S T U P L V
W H P B Z Y I R A A L H F A
G U V Z H R N G V I A N A S
L L B E L I U A A G G X I M
B A G E U L A G N A A H G D
A Y L I O W S U O C E V A D
P R C E F W W U A Y S S T N
L B G B L O Z A J I E F A D
C U F U M E L A G O A S K H
N A T U R A I F W X O Z I J
```

GALUEGA
LALELEI
AVANOA
TALA
FA'AU'UGA
FAIGATA
FEAGAIGA
UO

OLIOLI
NATURA
FA'ATA'IGA
FOU
SAUNIUNIGA
SAOGALEMU
TULAGA ESE

25 - Sport

```
H  I  L  R  M  B  Y  Z  Z  O  Z  T  T  O
N  S  E  E  E  S  I  X  Z  J  N  I  A  P
A  F  P  W  A  G  O  A  I  A  F  E  M  S
M  E  O  Y  A  F  A  I  A  V  H  T  O  I
A  U  U  L  I  S  A  T  A  A  F  I  E  N
L  R  S  R  T  I  N  O  A  Y  R  E  M  A
A  Z  H  U  T  X  B  W  F  R  N  L  O  S
K  A  G  K  L  S  I  N  A  S  O  E  E  I
O  R  I  K  M  E  A  A  L  I  I  I  K  S
L  S  Y  V  W  N  N  F  U  R  T  N  V  O
O  J  T  L  I  Y  X  N  N  G  E  S  I  L
P  W  M  S  V  T  Y  G  C  D  E  I  V  A
H  V  V  T  D  R  S  I  V  A  N  W  Y  M
U  T  F  I  Z  T  T  A  L  O  G  A  F  D
```

A'ALI'I	TAMOEMOE
TINO	FAATASI
IVI	SINASO
SINASI	MUSULE
FAIAOGA	FA'A'AI
TI'ETIELE	POLOKALAMA
SIVA	TALOGA
MEAAI	MALOSI

26 - Circus

```
J  V  W  S  H  V  G  Y  E  E  A  M  L  V
U  T  L  J  C  V  K  G  O  L  R  A  R  H
G  T  G  E  O  W  L  T  M  E  O  N  G  F
L  F  I  T  O  J  H  I  N  F  P  U  E  T
E  I  E  U  I  N  C  K  E  A  A  K  Z  T
R  F  K  W  N  V  A  A  T  N  T  I  Y  W
I  M  O  M  U  S  I  K  A  E  S  F  J  F
M  D  O  T  L  S  G  P  R  T  N  A  M  O
F  A  A  M  A  T  A  L  A  G  A  L  D  J
H  K  P  I  P  M  I  I  P  P  T  E  U  B
M  A  N  E  T  A  T  V  G  P  L  I  N  P
F  A  A  A  L  I  U  M  C  M  W  E  I  L
W  U  S  B  V  O  A  T  X  B  L  P  G  L
W  G  F  T  T  B  T  K  G  B  M  A  N  U
```

AROPAT	MANUKI
MANU	MUSIKA
PALUNI	PARATE
TE'U	FAAALI
ELEFANE	FAAMATALAGA
JUGLER	FALEIE
LEONA	TIKA
MANETA	TOLE

27 - Geology

```
C  P  I  I  U  B  B  V  M  P  M  P  X  T
O  U  E  T  R  D  E  X  A  G  E  A  V  I
N  I  Y  L  L  A  V  A  F  T  O  J  R  O
T  S  P  Z  E  L  M  P  U  M  A  E  I  A
I  T  Ē  S  E  T  E  I  I  D  P  U  Y  T
N  A  Y  S  W  I  E  S  E  M  A  U  K  A
E  L  N  I  J  C  A  U  F  C  L  N  U  K
N  A  B  N  S  G  M  M  C  M  A  M  F  S
T  C  P  A  E  A  R  A  M  I  S  A  M  A
E  T  O  S  M  M  X  K  A  N  F  O  S  I
O  I  R  I  H  I  M  V  K  E  M  A  P  U
H  T  A  N  A  W  Y  J  N  R  W  D  C  I
Z  E  X  F  W  P  K  R  B  A  S  K  C  P
A  L  P  R  A  G  A  S  O  L  I  M  A  T
```

ĒSE	SINASI
KAMUSI	LAVA
ANA	VAEGA
CONTINENTE	MINERAL
AMU	PELETEU
TIOATA	KUATA
T'AMILOSAGA	MASIMA
MAFUIE	STALACTITE
ALA	MAA
FOSI	MAPU

28 - House

```
S P F J N B A K M N A U U T
P A O T O T A F B A Z Y V A
O P L K K A N E W T F E T U
T H A I E L E A T M C A C A
O T G X Z A K D P E T S I L
M F G F O T Y Z J A D E C U
O G K A S A W D F B Z F V G
E D D I E O U V A O J A F A
A K C T N N P W A K F A O S
V O Y A K U K O T Z I V X A
N C E U P S P P A U T A X L
T O G A L A A U O D X E M U
A L S S G J S W P T L I M A
F A A M A L A M A I U K A B
```

FA'AVAE	KI
POTOMOE	KUKA
SALU	LIMA
PUPUNI	FAITAU
FATOTOA	FA'ATA
MAFAI	TAUALUGA
FOLA	POTU
MEA	TAELE
TALATA	PA
TOGALAAU	FAAMALAMA

29 - Physics

```
F A A T U A M U L U N B T F
T K I F O I F A A F S X O A
Y I L E T T F T N Z L B T A
V N I L A O D A S E K Z O V
T I K E G P J A A V T X N A
M S U K A O D F L S Z A U E
A E I T T A X C K A A N Y L
Z M N R A S L M X N I E D E
K G B O Ā Y I O A P T Z Ā Ā
I E F N O I M L A T L T V P
K Y S I A E I E F B K B I P
W F S I S I M O R J N I J D
T T Y F Y H E O L V L U Z F
A S O A F W K N U U D D C A
```

FA'ASA'E	MANETA
TAGATA Ā'OA	MISI
NUU	MESINIKA
KEMIMI	Ā'Ā
TOTONU	NIUKILIA
ELEKTRONI	FA'ATUA
AFI	ASOA
FA'ATAU	SAOPOTI
FA'AFIO	FA'AVAELE
KESI	E O'O

30 - Bathroom

```
S W J U S F T T E C U A F D
O E D F S F C O A V I U R R
L C S V S J F I A V S A G X
P R V I A G A L O S L G J K
X P P O S J S E K U L I M I
J A H Y A I A T A A F U M W
S K U J D L M A L Y F L L Z
P U J D E L I Ā A L V U K E
Z T G S O I Y H F F I P S D
N Z A L V M E K B O P I R A
G E S E G H X V E F P D I U
D N L S O E H A H E Y T H J
N J T D V V T A E L E P T U
R C W S Y H G C O P I P Z V
```

TA'E   SIU
PULU   TAELE
FAUCET   FASAMI
KULIMI   ĀMI
FA'ATA   AUA
UIGA   TOILETA
FALA   OLAGA
SESISI   VAI

31 - Dance

```
A M U S I K A E M C V M O O
G L Y L S Y W E O S S H D G
A I O V U H N A I H G N I K
P F N F T P S U G S A O G A
I A I T A F E K M A C U Y T
C A T O X T E H Z P N S E Y
R M S L U V U N U T U D V
O A U I G N L N U Z V J U Z
B T S O M B A C O M D A J Z
A A A L L A G I A A V H T U
Z L B I O D S R C R F L U Y
O A B L T E J P H F J P Z K
X G P W O F L J K L J V K P
O A B Y F A A T A S I K X M
```

AOGA
TUSI
TINO
SUSA
FA'ATASI
AGANUU
LOTO
FA'AMATALAGA

ALOFATUNOA
OLIOLI
GALUE
MUSIKA
PAGA
FATI
TUNUU
VAAIGA

32 - Colors

```
J C K L G W N F A I Y T D S
X J Y B A N Z T T L X R A G
C S Z A J N V A I O L E T I
A I Z A N W U V A M Y R L K
F Z T V D Z M M J U G T A I
X C U R G V U O O N O N N N
R L R R V Z M D W A V J U I
I H T U E B R T P L N E E P
L A N U M E A M A T A A N P
U I E F U E F U K E I P A A
I P L A N U V I O L E S E E
L E M A G E N T A O A R N P
U S S I A I A D G G Z Z A A
L A N U S A M A S A M A O E
```

AZURE
ULIULI
LANUMOANA
LANU ENAENA
CYAN
SIAIA
LANU MEAMATA
EFUEFU
MAGENTA

LANU MOLI
PINIKI
LANU VIOLE
MUMU
SEPIA
VAIOLETI
PA'EPA'E
LANU SAMASAMA

33 - Climbing

```
T A I A L A E K U F V I H Y
E M F A A V A E A A A L E B
K I U S R M F A R A I O L I
G L M A I L D J E T T A M L
Z I I X L U Z O P A I T E C
E G R C R M Z I E U Y U D J
R I Z E W G H T S B G Z L O
U T M L F Y W A O V I N D U
Y O M A N U A O T T S L R J
N T M F B N X G A G O A O A
X H X A S O S O G A L N E E
A R E U U A L U E G A T I P
F J P T I T J U F H M K O G
O E J H V W U E K T F P U M
```

ALUEGA
ATOSEPERA
FA'AVAE
UA
ILOA
TOTONI
TOTIGILIMA
TAIALA

HELME
SOSOGA
MANU'A
FA'ATAU
VAITI
MAUTU
MALOSI
A'OA'OGA

34 - Shapes

```
L Y G L A I N A S I K U E A
I T A F I T O T O U W M U J
O E S P I L L E V N K E S L
E S S A S T D F B E D F B D
U N N D D S U L Y J K B J X
L I O L A U M I U M I O V A
M L G I Z B T N R B Y U N G
S I I T R Y O I T V E V L E
V S L P G I B L F H U L V E
R K O A S R I I S A T Y M C
L X P L L G F S K C A X I K
C U B U Ā O Ā P E S A T A M
T E A E T E A S F R M X A T
P U S A F A A T A F A A A I
```

ĀOĀ PESA
LI'O
KONE
SILI
PUSA FAATAFA
PALU
SILINI
MATA
ELLIPSE

LAINA
LI'O LAUMIUMI
POLIGON
TE'A E TE'A
FA'ATA'I
ITU
SIKUEA
TAFITOTO

35 - Scientific Disciplines

```
F  F  J  B  T  P  Y  T  I  T  Y  K  Y  H
A  A  P  U  I  N  A  T  O  B  Y  E  G  V
A  A  D  Y  M  E  G  I  F  M  G  M  L  T
M  A  N  C  R  U  O  A  O  E  O  I  A  A
A  L  G  B  Y  U  L  G  S  L  L  S  R  G
T  I  C  L  X  R  O  O  A  J  O  I  E  A
A  G  O  X  D  T  I  L  N  S  N  S  N  T
L  A  Z  N  V  S  S  O  I  U  U  E  I  A
A  F  A  A  A  I  I  K  S  S  M  N  M  O
G  T  E  N  J  R  F  I  T  A  I  D  R  L
A  J  C  B  C  X  B  S  F  G  F  I  S  I
R  O  B  O  T  I  K  A  T  E  G  R  E  F
M  E  S  I  N  I  K  A  N  A  G  A  G  C
H  D  O  I  J  Z  O  O  X  V  D  E  M  D
```

SINASO	GAGANA
FA'AALIGA	MESINIKA
VAEGA	SUSA
TAGATA OLI	MINERALGY
PAIOLOSI	FA'A'AI
BOTANI	FIS
KEMISI	FISIOLOGA
SIKOLOGAI	FAAMATALAGA
IMUNOLOGY	ROBOTIKA

36 - Science

```
E T P I S C U W M Z F K C I
I S U L O V E R I A A A T N
T A U A T U A L N G L L A Y
N G M K F P A I E A E A G S
D O C T I U W Y R L S V A U
A T T S S T A V A A U E T E
T E L I T I P F L T E N A S
O M H F L C S O A A G N Ā U
M E A M O N I S F M A A O E
K E M I M I L I E A C T A G
M O L E K U U L A A K U N A
N C J J X J O H G F F R B F
G S A I E N I S I X K A V N
J M B A L D P A K W U B Z E
```

TAGATA Ā'OA
KEMIMI
TAU
FAAMATALAGA
EVOLUSI
SUESUEGA
MEA MONI
FOSI
KALAVE
MAFAUFAU

FALESUEGA
METOGA
MINERAL
MOLEKUULA
NATURA
PITILE
FIS
LAUTAU
SAIENISI

37 - Beauty

```
F E L E T A G A L I S N L M
F B D A T A A F E M I J F A
U K X S N T B H L L N J N T
Z Y I F E U I S E T A U U A
O L I P O S A N I S S X C I
S X U U A P I S L C I M C A
L H O J L P P S A V Z E Z G
X H H E O L I U I G B T Y A
S Z S M F Y P U N N A M U N
O N O F A L U T G L V M G U
V T M T F R O N T Z I U U A
C V Y N T T J P P F O C Z U
U I B E A O N U T A F O L A
Y E D I C A X C J E W F Y B
```

ALOFA
LANU
SINASI
PIPI
MATA'IA
AGATELE
SAGAMU
ALOFATUNOA

SINASO
FA'ATA
SESISI
AUAUNAGA
SIU
PA'U
LELEI
TULAFONO

38 - Clothes

```
U L Y U R P S V U H B O T O
L J T H O A M I L U A T E F
A W U T T D W L K D K Y U U
F T L F S I L I W A M Y G M
V F U Z I Z Z N M T F K A O
D H F D K U Y R J P V U A E
T J P G R A F V P U E X G Y
I E A N I T X I T E S A I N
T O T I G I L I M A X O A N
T S K E S A A T P V X P F L
W O T I V F B I E U Z V A U
L S S E E V A E D F O N N F
L E F A A V A E M O V U P Z
U V J T Z C T H U H E V I I
```

UFIUFI	TEUGA
FAITAU	ULA
FULU	OFUMOE
TAULIMA	OFUVAE
OTI	SOSO
FAIGA	SIKAFU
TOTIGILIMA	OFU
PUE	SEEVAE
IASETI	SILI
IEANI	LE FA'AVAE

39 - Ethics

```
L N J S R F B N O J A Z G T
U A T A T A A F M E L V A I
R B B L D A X L F M O E L P
T D I O Y A F O O C F H U L
O K K H R L N A O F A M E O
Y N E C M O R R A B A E G M
I T O A S A A F Y M D G A A
I F O S O L I F N F A D A T
A A Z L A O C J I A A O E I
Z I N E T I N O M A E M N C
A G A F A I L O F O N O P I
R Z M A G A L U T T W K O P
P H P L A M A M A L U G T Y
M H O O T O T O T A A F O F
```

AGAFAI	ONOSAI
ALOFA	FILOSOFI
GALUEGA	'ALOFAGA
MAMALU	MEA MONI
TIPLOMATIC	FAATATAU
TAGATA	FAAALOALO
FA'ATOTOTO'O	ONOFOLI
FAAMAONI	TULAGA
FAASAOTI	POTO

40 - Insects

```
S  M  P  Z  N  A  E  Ē  L  E  J  T  A  I
F  E  D  I  H  P  A  S  A  K  O  M  I  L
M  X  C  L  P  J  O  A  D  A  C  I  C  O
Ē  S  I  U  Ā  I  N  O  Y  L  S  Ē  S  E
L  V  T  D  T  O  A  S  P  A  U  F  M  K
C  T  N  C  H  L  M  O  U  R  A  R  O  O
W  I  A  L  K  V  U  L  G  V  N  G  G  D
C  S  M  U  E  C  Z  H  H  A  N  E  A  J
Z  K  P  I  L  O  A  L  E  S  A  P  M  F
T  W  A  E  F  P  S  E  L  I  S  E  O  K
T  X  T  K  P  I  S  A  N  I  S  X  G  L
J  A  K  L  D  E  U  M  W  H  A  B  A  E
W  X  U  S  D  B  K  X  U  J  F  I  I  Y
D  C  N  A  F  A  A  V  E  R  G  P  U  W
```

LOI	SINASI
APHID	LADYPUG
PI	LARVA
PIPI	SELISE
PEPE	MANTI
CICADA	NAMU
MOKA	MOGAMOGA
Ē SA'OSO	TA'UA
ĒSIUĀ	ILOA LE SAP
SĒSE	ILO

41 - Astronomy

```
T F A A M A N A T U O B S S
P E W R M Y C F N M D U E I
E Y I D R A R U T E F Ā L N
L K T V U W S J K I R O E A
I L E T A S B I O J I G S S
M B K K D S U U N U T A I O
M S O M S O K O O A L L T T
X A R R C R W Y T H A U I L
U N T T E I N A E P L U L E
D J H A V T S S F J O P E L
Y I S T I Z R E T E L E P E
H J I A W G X G Y Z A N F I
S I N A S I A J X B G C C I
V A N I M O N I M O I U B Z
```

SINASI	MASINA
FA'AMANATU	NEPUULA
FETONO	MATA'IGA
SELESITILE	PELETE
TEINA	LELEI
ĀFETU	ROKETI
KOSMOS	SATELI
LALOLAGI	VANIMONIMO
Ā'OGA	ATUNUU
TEIVA	SINASO

42 - Health and Wellness #2

```
O G F X S S N C I E L F R T
B A R W I I X T G E O A I O
A L X E A N S C O P T L V E
N U N R M I M I S I O E Z L
W E X Z A M Z T I V T M T E
E K Z S F A A T O T O A N L
M E A A I T H O S A N I S E
M A P L P I Z K C K O A M I
J A L O B A T O A I F A A C
A L L E X V T S G T A A M W
X O O O L O M W A E L F A M
V V V I S E P W G N U D F L
V N C I E I G C A E T L A Z
F C F A A M A I L G B H P E
```

ALELE	GENETIKA
SINASO	FALEMAI
FA'A'AI	TULAFONO
TOTO	SIAMA
PESI	MISI
TETEI	AGAGA
MEAAI	TOE LELEI
GALUE	FA'ATOTO
FAAMA'I	VAITAMINI
MALOSI	MAMAFA

43 - Time

```
R B J H I H V K M G X E M V
J P R O S A D I A A V A U T
I E N S M Z C P T L S P G O
R A G A S U A T O P E I J N
U F N I I G M U A A E N N O
T X L A U A T I E N L A A A
E W D V M M D B A A S S U U
N S T O L U T L T N B O K T
E I T U L A L D C A S N I U
S I G I L K V H R F E E U O
X Y M I N U T E T I F I I K
A F R E S W P F R G U U A J
U G K S W D Y A K B L Z O A
X X U O K J D N H X U M M X
```

PEA	ITULA
TAUSAGA	MINUTE
MUA	MASINA
KALENA	TAEAO
SENETURI	PO
UATI	TUAONO
ASO	NEI
SEFULU	ASO NEI
VAAI	VAIASO
LUMANAI	ANANAFI

44 - Buildings

```
F F A L E T A L I M A L O X
A A G E U L A G A T A M J R
L W U L A G I L A A A F G F
E F B U T A O G A G L V N I
S A G A A T A M E L A F U T
U L G A A H Z Z I O G E V E
E E N C F S I N I G N K L K
G I A M E L A F P O E A W A
A E O U L S M G P H J P I M
A O L A A T E A L A M E C A
G M O X F T F A I G A N E P
D E T T E W A K R N U A A U
Z P D U L K M A T A I G A S
A M E P A S A B F O F I H U
```

MATAGALUEGA
FALEFA'ATAU
KAPENA
FA'ATAU
SINI
AMEPASA
ALEAGA
FAIGA
FALEMAI
FALETALIMALO

FALESUEGA
FALEMATAAGA
MATA'IGA
AOGA
MALAE TAALO
SUPAMAKETI
FALEIE
FA'AALIGA
OLO

45 - Gardening

```
T A U F Z O N F P Z J F W H
Z I T A P D N A W A M A C I
Z A T A L F D A K M M A V W
Ā V Ā V A A F P W T E U P O
I C X A W U O A S U S U D D
W U F E S M Y L G N L K N Y
F X P L M T C A F O K K Y X
A M U C E V S C U T K J W T
T L I S I P M A L S R P U X
U A A C P V E H E P C R I X
J I M U U I P A G A L U T V
K N D S L H M Z A X W O L O
O A O S K A T A S I N A S O
Y S S F U S U Y W G T A H N
```

TULAGA	FULEGA
SINASO	LAULAU
PATI	FA'AU
TAU	LAU
FAAPALA	SUSU
IPU	TONU
LEPEA	FAAVĀVĀ
'AINA	FATU
FA'AVAE	VAI

46 - Herbalism

```
F A M K A L I K I K A J R E
Z T K E P A S I L A E J O A
F V O N A G E R O M M R S F
K A G D Z F P A S E I E O Y
Y F P L J T A X Y K U V M S
H R M A E U O A P A T N A I
I Z T D N S T G V V O K R N
M E D A S J O U A A R G Y A
A X Y I S I L I M L E F A S
S I N A S I V A A O A H G O
M A R I O R A M A S M A I D
L A N U M E A M A T A T U X
I S I Y R F X X S T U Y C B
L H L H F F U G A L A A U X
```

SINASI

SINASO

PASILA

MARIORAMA

AOGA

MILISI

LAVA

OREGANO

FUGALAAU

PASEI

TOGALAAU

LOTO

KALIKIKA

UIGA

LANU MEAMATA

ROSEMARY

MEA FA'AVAE

TUIME

47 - Vehicles

```
S X O V V H I F A L M R T B
U A P G A G N H T O S N O R
B N M T O A E Z W O O R A K
K P X A Ā E V P A L A U T P
I M E L A V A A T V P M E B
G V Ā N G M R U L E U J L F
R O K E T I A T S E S I E K
Y L I K N L K P O I I V I N
H X S E T A N V U R S F B C
T N Y C F T W A E F G I G P
G J Z H R W R A J G G D K O
H E L I K O P A D G A R S A
R G K X K C O E P D A K L Y
N P P C L O K E I G V H V S
```

VAAVALE
USISIKA
PUS
TAAVALE
KARAVENI
VAA
HELIKOPA
AFI
ROKETI

SIKĀ
Ā'OA
SAMAAMA
PA'U
PALAU
TO'ATELE
TALI
TA

48 - Flowers

```
D A R Y L D D I N R G C R K
G A I R U S A B Y X Y N X M
I I N A H P T I S E P V O R
Y L X E P Z Y T S P S K R T
Z O T B L P B A O Y Z K K F
K N D Y D I U P R D C G O U
H G K J O L O S A N I S K L
E A F T P C G N I M L U E U
H M B S O O F N A V I C T L
S I N A S I P Y H A L S I A
P M S B U B N P X L U I K Z
C I Y J I H L N I C H B J M
T O G A L A A U I A Y I Y L
V T P K P E T A L A C H U V
```

PATI　　　　　　　　　LILI
SINASI　　　　　　　MAGNOLIA
DAISY　　　　　　　　OKETI
DANELIONA　　　TFA
TOGALAAUIA　　PETALA
HIBISCUS　　　　SURIA
PESI　　　　　　　　POPPI
SINASO　　　　　　FULU LA

49 - Health and Wellness #1

```
J P V A P O H N F V N H S F
R Z B A C E W E H O A L R A
K H H G I T U F B K M F R L
K B O E J L P A G R L A J E
U A F U A F A M G C F P I M
T V U L K D I ' Y Z O A L A
O A F A U T A M A V F U M I
F I A G I F Y S Z U O T U O
O R A M A N U A F I G E S N
A U A M A U S A W V A U U F
G S L E I L E T S I I C L E
A I I G F R V B B I A Y E A
R O G G D I M T V J L X V U
W A A C Y D W O Y M K I A P
```

GALUEGA	MUSULE
SILI	NEFA
IVI	FALEMAI
FOMAI	FA'AALIGA
GAIA	MAFAUFAU
MAUSA	PA'U
MATUA	FOFO
FIA'AI	TOFOAGA
MANU'A	VAIRUSI
VAILA'AU	

50 - Town

```
F K T V S B J O M J A V F E
N A K I I I S A N I S T A M
A E L T N R A A O C E F A A
O O L E I U Y F L C E I A L
L F G K M U E A A O W B L A
O X Y A C A I L M I T R I E
E E P M N N T A I C T I G V
L O L A A T E A L A M A A A
A Z P P Y E K F A N R M U A
F L L U I M A Y T G E E D L
N H N S M S M I E P A L B E
Y W R E P U T E L A F A N L
F A L E T U S I A B N F X E
G D I V X M T M F D G B L A
```

MALAEVAALELE	MAKETI
FAALAFA'A'O	FALEMATAAGA
FALETUPE	FALEMAI
FALETUSI	AOGA
SINI	MALAE TAALO
SINASI	FALEOLOA
FALETALIMALO	SUPAMAKETI
FAITAU	FA'AALIGA

51 - Antarctica

```
C S G E S C W N F D D S P O
F O I I M J Z Y A B E U E L
T A N O Z D V Z A A I N N B
O G A T M K R P S I N A I M
P A T S I A V O A S I G S J
O G N P A N G T O A U A U S
G A M J G I E A T M G L L W
R F O C E L E N A M N A A F
A A A J U Z A N T D E T F T
F M G S S Z E E I E P A P A
I L A R E N I M P S F M U R
M J L T U A F U V V I A K C
A O A F S O M O J C M A U A
U V M O T U Z S H Y R F F B
```

BAY
MANELE
AO
FAASAO
CONTINENTE
SI'OMAGA
MALAGA
FAAMATALAGA
AISA
MOTU

MAFAGAGA
MINERAL
PENGUINI
PENISULA
SU'ESU'EGA
PAPA
FAASAIENISI
MAUA
TOPOGRAFI
VAI

52 - Ballet

```
J C W J A W P T E K N I S I
Y W Y E O K A X E W K S C V
A J A N W O T E L Y M Z M K
G F J L M L I S U T P H Y J
A B S L M P P I S X E G S U
L E J A L Y A W U L S C L V
A J I I O O T U M A D K Y V
T B D K L Z I L K T O G I Z
A O F I A O E N M F P I C D
M K G C P T T P U W S U K Y
A G I T A F U O G L W U U U
A V I S A U F A A I L I S J
F S F U U F A T U P E S E A
T N W H N M M M K G A L U E
```

PATIPATI   LOTO
TUSI   MUSULE
AOFIA   MUSIKA
SUSA   AUFAAILI
FATUPESE   FATI
SIVA   TOGI
FA'AMATALAGA   IGA
GALU   TEKNISI

53 - Human Body

```
A O R T I A T M D V L O E W
Z Z E A T M O A V U A G L O
X W R U A P T T U L U V Y R
X W F A L O O A N G A T G U
Z T X U I R G R O T T O Y G
E I U K G U I G T A A K V Y
R I A L A L P E X M A Z U J
M K I V I X I T I A F I I D
T G J Z K L B E O I A S A V
I O V O W T I S T L U U Z W
U G W L F X Y M W I H Z G U
O Y M H O T O T A M V W J N
Z A U J P T W V D A A M I L
T E U D L E O Z R J E D L X
```

TOTOGI	ULU
TOTO	LOTO
IVI	IAU
FA'ATAU	TONU
AUVA	VAE
TALIGA	GUA
TULILIMA	UA
MATA	ISU
TAMAILIMA	TAUAU
LIMA	PA'U

54 - Musical Instruments

```
X  L  P  S  S  E  N  I  R  U  O  B  A  T
G  U  U  I  E  J  H  P  V  P  I  O  K  I
N  R  S  U  N  P  E  I  W  A  C  P  I  F
P  M  A  C  O  I  O  C  S  T  D  K  N  A
P  G  G  B  B  A  B  M  I  R  A  M  O  G
W  U  A  E  M  N  O  O  S  S  A  B  M  U
V  P  N  D  O  O  S  A  N  I  S  D  R  F
H  C  J  E  R  C  F  J  N  G  I  T  A  A
G  L  X  G  T  U  D  E  F  G  V  I  H  G
Z  O  S  Ā  S  A  H  P  C  C  H  B  V  U
P  L  N  M  A  N  D  O  L  I  N  W  J  X
M  E  R  G  V  A  I  O  L  I  N  I  H  S
M  S  D  M  Ā  Ā  B  T  H  O  Y  H  T  M
C  K  K  C  Z  X  L  K  O  Z  F  T  A  Z
```

SINASO	MANDOLIN
BASSOON	MARIMBA
SELO	OBOE
PUNETA	PUSAGA
TAPU	PIANO
FAGUFAGU	SĀSO
GONG	TABOURINE
GITA	TROMBONE
HARMONIKA	PU
MĀ'Ā	VAIOLINI

55 - Fruit

```
R F M T U Y S K S E Z P R Y
B H E A R S I A F D A M K F
A K A B G A N I A P T W B W
V I N E A O A E A L A L F L
A R N K E F S U E I Y U O I
U E M O D C O L W L A X P S
K B B I R E S E G O P O I E
R O N P M E J M S M A M K P
P G C E I G M O D U P E P A
O V E A X J T N H N A I O T
L C S C J D M I A A A S Z A
A P U H B H W Z C L N H U G
G D I U M Z R X K K B C N A
G S N L S I N A S I W I K T
```

APU	KIWI
SINASI	LEMONI
SINASO	MAGO
FA'I	MERONI
BERI	SUASUA
SERI	LANU MOLI
NIU	PAPAYA
ATA	PEACH
VINE	TAGATA PESI
KUAVA	PAINA

56 - Engineering

```
A S H K T V B J Z M G R V M
N N I O V R K A J F D M T A
O K R N I S E M S X F W Y N
S Z J P A U F C O J U V S A
H X R G T S Z D C F M S V T
T U U I N A O Y T O P A Z U
L P K Z A G A S U A F F J F
T V T C C U T X X E V I M A
J O U U M A W E O P A T A I
K F I X S F R O T O L O L G
Y U H G M A U T U E I I O A
T U F A I G A Y W L L R S W
B Y W F O D H S W M I Ē I V
A Y M H W Y X V J D V A I E
```

MANATU	MALOSI
FA'UGA	VAI
FAUSAGA	MESIN
LOLOTO	FUA
ATA	AFI
TETELĒ	TU'UINA
SINASO	MAUTU
TUFAIGA	FAIGA

57 - Government

```
P F F E F V F A P F K K T Y
O A G U A L I T E A V A A F
L A O S A C L U D A S V F L
O M Y A M R E N U T I T U W
K A T O A L M U H U L A F F
I S E L S T U U S T P G A A
K I M O I V U A O U B A A A
I N O T N U C T N S B O T M
A O K O O S L H O A E N U A
T L A G G E C W F A E A S N
I A L A A T C O A L T L A A
A M A Y A E F T L U X A R T
T I S D K T F V U J A T S U
H D I R W E I C T R Y A U I
```

MALO
FA'AVAE
TEMOKALASI
TALANOAGA
ITU
FA'ATUTUSA
TUTOATASI
FAAMASINO
FAAMASINOGA
TULAFONO

TAITAI
SAOLOTOGA
FAAMANATU
ATUNUU
FILEMU
POLOKIKI
LAUGA
SETETE
FAATUSA

58 - Art Supplies

```
J C D X V B X O U U U S X M
F R C D A K P B E J F O D V
U W Z N L G A D F L E G U N
L S S K U O L O R L E A S D
N J P Z E C X P E P A S G B
I N I K A U D X P L T O A P
B W Z R H O J S I M A G M E
P S W N M L F Y T M E A A N
L V L B T P T O I G U G N I
P L S J K R X H N L P O A S
V A I K O C C P H N A F T I
F H Z N E O M E A E E A U L
A B M N E L F C K Y M L T I
D M N J U V U L U P K K Z D
```

PULU	MANATU
MEA PUEATA	INIKA
NOFOA	SU'UU
OMEA	PEPA
SOGASOGA	PENISILI
EASEL	LAFOGA
ITIPE	VAI
KELU	VALUE

59 - Science Fiction

```
F F X T S S Y D M Z T M D T
V A A P I S U T O A D E E E
A K A W N Y I W F T T D T I
I I M M I K L T A B U I V
L M E D A I A B A E Y U A A
A O P X C N M W S N D X H U
A T G G I U A L A A F Y I G
U A A C G P O T O I V V F Z
A S I N A S O J U A T A A F
F Y Y C L F U T U R I S T I
I S O L O N K E T A L D H H
M B D T L P E L E T E U Z T
I D K P A M E S R P U T A M
D E K Y L G B G W T Z V O P
```

ATOMIKA	TEIVA
TUSI	FA'ASAO
VAILAAU	FA'ATAU
SINI	MALIU
DYSS	FA'ALAU
PAA	PELETE
MATUA	SINASO
FAAMANATU	TEKNOLOSI
AFI	LALOLAGI
FUTURISTI	

60 - Geometry

```
S X H W O N O F A L U T L C
R I W F A O P A U W T O T X
V G K A W A N U T O A W E P
L P S U E B U G A A N I T I
T U S I E D M A M A A O E E
U D T T N A E F X A M T L L
P I O A P V R M E B H O Ē A
J S S G Y H A O Z H H P N V
T A F I T O T O P A L U K A
B T K A M H I Y E G H T S G
O A V T U U R L Y E M A P I
A A V A L A A F T A K N G A
W F H A J G G I R V N A U A
W O R F U V H D A P P M L F
```

FA'UGA	NUMERA
LI'O	FA'ATASI
PALU	VAEGA
TETELĒ	SIKUEA
TULAFONO	LAVA
FA'ATA'IGA	FA'AIGA
MATUA	MANATU
FAALAVA	TAFITOTO
MANATU POTO	TUSI
MISI	

61 - Creativity

```
F N E K T C Z N Z T I M M P
U U T A N A M A A F L A A O
A Y O F V T A T A U I N N T
F A G I L A A A F H A I A O
U H I O L A A S M R G N T M
A U X X Z C W F E A A O U A
G C A N D H S S R L L U A S
A Y A S T L A G O N A N G A
A G U A F U A F A M T S T N
I V U L A N S L K N A Y P I
N V W S O K J I J D M V K S
R E J V N T I C S Y A R Z F
R K N J V K O K I L A N A D
M P H P U M H S D D F A T A
```

TUSI	LOTO
FA'AMANATU	POTOMASANI
MANINO	FUAFUAGA
TATAU	LAGONA
FAAMATALAGA	TOGI
MANATU	FA'AVAE
ATA	FAAALIGA
MAFAUFAUGA	OLA

62 - Airplanes

```
F E R R A U T A M A T A L A
A J F E R E P G H U S U A U
A V P O E I V E K F C S K V
V O H M P L Y U N A M A M G
A O M I E L E L F I Y B U V
E Y N N S U P A A G D Y V U
G F X O O I N O L A P W P D
D G M M T A T X N L A F I X
O H M I A E U I J U Z J L W
G H Z N G A U E S E S A P A
F V D A A A G I A G A E F B
I N B V L U Z A G A S U A F
H R V F U P H F A A I G A E
G Y P M T P A I L A T E W D
```

FA'AIGA
EA
ALUEGA
ATOSEPERA
PALONI
FAUSAGA
AUFAIGALUEGA
TULAGA
MAMANU
AFI

SUAU
MATUA
TALA
HISITI
LELEI
PASESE
PAILATE
FA'AVAE
VANIMONIMO
FEAGAIGA

63 - Ocean

```
O  M  L  X  C  P  U  Ā  T  P  T  Z  Y  R
W  D  I  G  U  S  M  S  O  F  E  K  S  B
U  I  M  K  M  E  L  E  G  A  L  U  T  W
H  Z  U  M  A  L  O  U  X  J  G  X  U  L
N  X  A  I  F  E  G  O  T  N  C  R  N  H
V  C  A  R  A  I  I  F  V  A  K  P  A  X
J  A  G  R  Z  X  K  N  M  R  I  P  A  G
A  X  D  R  D  B  M  U  R  T  S  W  U  O
U  M  A  S  I  M  A  A  B  C  A  D  S  Ā
W  M  Ā  M  I  C  M  Ē  I  Y  N  U  I  S
L  W  A  T  A  F  O  L  A  G  I  N  A  E
N  K  M  Y  E  S  S  V  C  Y  S  G  F  K
Y  E  I  N  C  O  Z  H  O  L  H  J  G  O
L  A  M  E  U  Z  O  J  J  A  S  P  N  D
```

AMU	LIMU
PA'O	SĀO
SINASI	UMA
OFE	ĀMI
I'A	AFA
SELEI	TAI
ĀSE	TUNA
FAISUA	LAMEU
A'AU	GALU
MASIMA	TAFOLA

64 - Birds

```
P I S U K I J P Z F J K W B
W N H J B M O E N J U A X V
F I E I H Z G A I U Ā N T G
F U A M O A O K E U D A W U
L K Z C R K G O D W J R U X
K S I X A I O K H H E I C X
M U Z Z P L S O G E N R H T
J A C J P E A X V R Z B F B
C U N K D P X N W O T E A Y
W T R U O P A T O N A W S B
G A X G I O O T F K O U A X
O M A E N T R U E J M E A S
T O U C A N I D I S A N I S
T Z R R V I W E A E E L V W
```

KANARI   HERON
MOA   SINASI
MATUA   PARO
KUCKOO   PEAKOKO
PATO   PELIKA
AETO   SKUINI
FUAMOA   MANUITI
KUSI   SETA
GOGOSA   SWAN
ĀU I'A   TOUCAN

65 - Politics

```
U H V J X I M C C T E Y L S
N A Z K K O L F P O R Y M A
N L F S S W K I T I M O K O
O X W A P T O L A M S U I L
R O A A L U N I M H K K K O
F L A J G W O F M W S V J T
D A G O D M F I R A T J O O
L N A G O F A L O G N S C G
E A U T K L Y I G I V A O A
L M F L U E A G T A U X T A
E X A L V T V A S T N G U U
I V U L Z Y U F A A I G A M
Y G F A I G A S D A U W D A
F A A G A O G A A F G X S H
```

FA'AGAOGA	SAOLOTOGA
FA'AIGA	MALO
SUI	MANATU
FILIFILIGA	FAIGA
KOMITI	LELEI
FONO	FUAFUAGA
FA'ATUTUSA	LAFOGA
FA'ATA'IGA	MANALO

66 - Nutrition

```
T U D X O V L S O K N C O O
O I O O W A W U C A G I U O
M B P N F I D A S P M A A K
T R Y I B T I V R O A A T I
P K G T O A T A X L M E A S
N A N O O M O V M I A M A W
T I L P B I X A I S F F F H
B J U E F N I L S I A A S F
V W J T N I N R A T P A A R
B H P M E I I K O A A A U C
K D P D U R Z B I L X I S D
R E M T L X E X W L A N I A
K Z W J A U J N M I A K A P
N C Z X G Y F O E K R J X Y
```

FA'A'AI
PALENI
OONA
KALORI
KAPOLISITA
MEAAI
GALUE
'AINA
FA'ATAU

LAVA
SUAVA
NIUTERENE
POTINO
UIGA
SAUSI
TOXINI
VAITAMINI
MAMAFA

67 - Hiking

```
Z C H T M G H M B B A H H T
O M V M F U S I A L I N J U
A G I I X V J D L M G J G M
N W N M P O Y O A V A A M U
T D I G S H P X I X G F T T
A F A A V A E L A F I N A U
U F X V V S S B T A N A G M
V A P A K A V A I A U T U U
T A L C B U D T H S I U A M
W T L E V A O J Y A N R M A
D A L D L F M T D I U A C N
P U A S G R Y D R G A P V U
T A Z P U P Ū O E A S V A B
T O L A U A P I G A M W H J
```

MANU
FA'AVAE
TOLAUAPIGA
PUPŪ
TAU
TAIALA
MAMAFA
FA'ATAU
MAUGA
NATURA

FA'ASA'IGA
PAKA
SAUNIUNIGA
MAA
TUMUTUMU
LA
LEVA
VAI
VAO

68 - Professions #1

```
F G R E R S C F Y P F K W P
E T A T V K T A U M A T U A
T F A L I E S C U F I D I A
O A S G J K A Z J A E I C L
N I A G A S U A T P T I C A
O A P C G T F A M U U S I H
M O E Z I P A L O I A I A O
S G M I U N O T A A F N M F
S A A H S P S T U O S E O F
A Z Y J E D I I Y P Y I F L
J U K K F M T L V G E A J T
W T A P I A N I L A N S O I
T A G A T A F A I T A U I M
F E T I N A R I O P T Y K I
```

AMEPASA	TAUMATU
FETONO	TAUA
LOIA	FAMUUSI
TAGATA TUPE	TAUSAGA
TAGATA FAITAU	TAPIANI
FAIAOGA	PAALA
SIVA	SEILA
FOMAI	SAIENISI
FAATONU	FESU'IGA
TIMI	FETINARI

69 - Barbecues

```
T U S I M L A R E T E M U S
N E S G F Y O F N Z H K N W
T O M A T O M M I T A L A S
V U W U W H F E S A G I A L
F A K F R I E A U W F J A C
A M V V P I X A A F C I U F
A I D E T W V I S N A I P I
U S T A A L O G A D K T L T
L A R V A I Z P U S I K M I
A M E I R L J Y O I S S Z A
U K O Z U K W M P X U V D M
J O P I J F I B N U M S K A
J D F I I H R L F I A A I T
Z M F O K P V E I H J K K G
```

MOA
TAMAITI
AIGA
MEAAI
TUSI
UO
FUA
TAALOGA
KILI
VAVE

FIA'AI
NAIPI
AFIAFI
MUSIKA
SALATI
MASIMA
SAUSI
SUMETERA
TOMATO
FA'AULAU

70 - Chocolate

```
U L V T G E H E R M G O G L
C A H I F N I U D E H Z Y A
U C A E D I R I I A P Z C V
F A A V A E O I M F W O Z A
Y K W B X E L S S A R D O V
F U O S K C A S P A W X R N
A S U W I I K W U V A N H E
U I G A O N T R R A T B A X
Z N B O F O A S L E V U P N
H Y A Y O O N S P S A V S W
W P S H T C J A O U V I O I
P A D U A S L D B I E L E L
V N R I O T U Z B F U F Y S
W I S A N I S P C F R V A A
```

SINASI   LAVA
OONA   MEA FA'AVAE
LSAO   PANI
KALORI   UIGA
SINASO   TUSI
NIU   SUKA
LELEI   SUI
FA'AVAE   TOFO

71 - Vegetables

```
P P E A U T S U G T M C T B
S A S E L A F I T O R A K J
P U S M V M Z F N V T P P Y
I T O E A A I V W A T E V C
N E E V I T J S Y V S E J A
A I F I N O T A T E P O K K
K N K L A I U L S I N A S I
A A V O I F G A S I N A W K
U K U K N R X T T S X R V I
O X H M A W Y A F N E X P L
G L N F X I D R S A I X U A
H I K U K A M A U X E P E K
B M G F L S T Y S V T N A C
Y U J B L B Z I A I W N X K
```

SINASO	PASEI
KAROTI	PEA
SUSA	PETATO
KUKAMA	UKU
SINASI	FALESA
KALIKIKA	SALATA
SINA	LIMU
TEINA	SPINAKA
OLIVE	TAMATO
ANIANI	TNIPA

72 - Boats

```
V T V Y M M L V U X R J J P
T A M U A T R T C M D S Y E
C B E C S P K C L J V I E V
B A A G E U L A G I A F U A
U L A P A V A E O M U A K A
L I A T Y B A F H A A V F L
A E A M C R A A C S F A X O
G S V R E E A P F A U A A V
H A X A G Y E L W U L M D A
K V A S A P L H C M A I G A
V A A V E R O Z A V T M L L
O H P A M Z V F U Z C L E M
R Z C A W A S H G K L E Y S
X R M N J Z F S K G G Z D B
```

TAUMA
PALU
VAA
AUFAIGALUEGA
UAFU
AFI
ALOVAA
LEVA
O LE A'AA

VASA
VAEGA
MAEA
VA'A FUA
SEILA
SAMI
TAI
GALU
VAAVE

73 - Activities and Leisure

```
V S F N O U J V F E C F T N
O O L O L A M I F O W A O I
L K O A H U G L L P W A L G
I A K D P S M O A G A L A M
P G T P L U T A S G R U U Y
O A E A Y P E H U O W F A S
L O W S T E W G N L S A P N
O T X K L V L A X Y U G I Z
G A P E K E D D B X A A G C
V A L T T E N I S I S M A Y
U F W P M M K S F A I G A D
K P L O H T G U F A A U B C
X E A L V D E T M H F Z F L
O U U A R M P E S I P O L I
```

TUSI   SOSOGA
PESIPOLI   ATA
PASKETPOLA   MALOLO
PUSUA   SOKA
TOLAUAPIGA   FA'ALUFAGA
MAULU   FA'AU
FAIGA   TENISI
FAATOAGA   MALAGA
KOLF   VOLIPOLO

74 - Driving

```
H I M M I I G V F S Y M T S
J W O K C X W L H U J H L A
E I T O P O A S I A T R E O
A O O W L J G Z D T L K O G
F A R T L E N E S A L T L A
I E I A G I L A A A F A E L
P O T L S A L A T F C O O E
A L I I A L X G V R R F R M
W U A U T A Z I R A X I K U
E U A U A T I A T A A F E A
L Z Z L L S B L O D M T S N
S U A U A P A A A B X U I A
Z B Y F T V R T W F C U R C
D S O D D X M L I R I X U S
```

FA'AALIGA   AFI
TAOFI   MOTORITI
TAAVALE   TALA'I
TALA   LEOLEO
FAATAITAU   AUALA
SUAU   SAOGALEMU
TALATA   SAOPOTI
KESI   TALA'IGA
LASENE   TALI
FA'ATAU   ANA

75 - Professions #2

```
F O M A I N I F O Y Z U G O
K G W U S F I L O S O F O I
F A A M A N A T U M Y V K U
F A I A O G A Y E U P A T A
T U S I T A L A T T F G W U
F S T S G G F A A T A A T A
I U O A O A A V L U G O F I
M E T N S U B G I N L T A N
A S O I I F S Y A C R A A I
S U N S L A I T P S N A T S
I E U F I U X V A V I F A I
K G M M L F W F J F T I S N
R A I R A R B I L E L A I I
L F I T I I T I I T I F B A
```

FA'AMANATU
SINASI
FOMAI NIFO
SILI
INISINIA
FAIFAATOAGA
TOTONU
FAATAATA
FUAFUAGA
TUSITALA

LE LIBRARIA
AGASI
FAATASI
FILOSOFO
ATA PUE
FIMASI
PAILATE
SU'ESU'EGA
FITIITIITI
FAIAOGA

76 - Mythology

```
T A G A T A A K L O G D D P
O D J B L P M R X E I G X Y
T A L A K C I D W D L A G A
L O K T F V O A E K K A K T
S U T O L R I B K I T B V R
G A G A O F A O F U D S Y A
L G U A R C H E T Y P E M H
B A C A R Z W A L I U W T X
I H G E I M O G M A L A M A
O M D I S O L A M K B I E J
T O A I A G U N O T I L A T
M C I A L O A U A T A G A T
N A Z S L M F U U S R W A F
F A I T I T I L I G O T O T
```

ARCHETYPE
AMIO
TALITONUGA
FOAFOAGA
TAGATA UA OLA
AGANUU
MALAMA
LAGI
TOA

LE LAVA
LOTUS
TALA
UILA
SAUAI
TAGATA
TOTOGI
MALOSI
FAITITILI

77 - Hair Types

```
W C T P R L I D V I P T C S
S K X H U F W S U V M D E J
I I L A U P I P I P A S H K
X I A L D F U L O U G M O X
E J M F D L Y U I K O S O G
V O F E K I M I U P X K I G
R W D O O M E F U E F U E S
L L O I L U I L U A B B C M
C L X M Ā L Ū A E U L B M P
A N E A N E U N A L L J A A
T A L A P O Z B Y N C A F E
X U X Z Z B L V P N Z S A P
R O M A N I P E I G X J I A
F J H W E X R T U L N Z K E
```

TALA	UMI
ULIULI	IILAU
BLUE	PUPUU
FILI	LELEI
LANU ENAENA	MĀLŪ
PIPI	MAFAI
UIMI	MANIPEI
MAGO	PA'EPA'E
EFUEFU	

78 - Garden

```
T S L H R M M D S G E T T D
A A U Y H A A Y W R H S O E
L J I J F U G A L A A U N E
A F T O G A L A A U G O U S
T G M J C O S S M I D V A U
A V W U V F P A O U O X U O
S V S V V O R F L T C B F
K I F L N N H E W A X I U A
Z E N R U K R T S S T M A A
H T V A P E L I A V V P A U
F B J C S A Z A C A V L R
W S X V W O I K K J O G E C
T A M P O L I N E L W L M H
T E U J R Z U G V D A V C D
```

NOFOA
VAO
PA
FUGALAAU
TALATA
TOGALAAU
MUTIA
SINASO

FA'AU
TONU
VAILEPA
SALU
SUO
TERASA
TAMPOLINE
LAAU

79 - Diplomacy

```
O F O F G B A H H T P C P F
Z A G A O N A L A T F S O E
F A I D B G L E T N L O L A
A M F N A O E E W H U I O G
F A A V O F C T N F M O K A
A S A U I A M E P A S A I I
U I T H M F M T P Y M G K G
T N A U K A T A G A T E I A
U O I N U U L F A A I U G A
A G G X W T Z O S F Y L D H
N A A N L F Z T H I U A V E
T I P L O M A T I C V G A J
S A N H G A G A N A U I K P
T K S A U L O I G A G B C P
```

FAFAUTUA
AMEPASA
TAGATA
SIVIC
NUU
TETEE
GALUEGA
TIPLOMATIC
TALANOAGA
FA'ATA'IGA

FAFO
MALO
FAAMAONI
FAAMASINOGA
GAGANA
POLOKIKI
FAAIUGA
SAULOIGA
FOFO
FEAGAIGA

80 - Beach

```
G D C A U T E D R S L I P A
X V I O L Z K E L P J J V V
P V A S A G E U L A I N K H
O A K L M A R W D F W C G D
V L O A A A F A A T A S I O
O A C N A U B U L X R T Y S
N S A U F A A V A M S J B O
E I T M O X B R N O E A C S
O N A O L P O A G T B F M O
N A F A A O S D W U F A U I
E S A N G L C V O V J G F S
S I O A A M X U V L Y N X O
B G G O C D F R Z D S H S I
P U A I N U C L A B J E Y T
```

LANUMOANA	VA'A FUA
VAA	ONEONE
FAATASI	SOSO
PA'O	SAMI
UAFU	LA
MOTU	OLAGA
SINASI	FAAMALU
VASA	TAFAOGA
A'AU	

81 - Countries #1

```
S E P A N I A K S B M L I N
X L J U U D U S A I T I N I
C X X W S P A M A N A P I K
I T A L I A M J L U A E N A
I S A L A E R U J Z T T Y R
C M A L E U S E N E V O A A
S S S R A A I K U P I T O K
E M A N E T A I V V R P K U
Y C S Z W N I E Z P O A O A
P O L A N I O V E X M S R F
Z E N X H M W U I U A I O O
V J R I R A K I E A N L M G
S I A M A N I J L I I A M C
F I N E L A N I N Y A G O N
```

PASILA
KANATA
AIKUPITO
FINELANI
SIAMANI
INITIA
'IRAKI
ISALAERU
ITALIA
LATIVIA

LIPE
MOROKO
NIKARAKUA
NOUEI
PANAMA
POLANI
ROMANIA
SEPANIA
VENESUELA
VIATENAME

82 - Adjectives #1

```
T Y G B L W E D U B D M C M
O P O P A A F J A G E L U P
S M A L O F A X C I S U T F
O F A A J I E P I N A M O A
I T A M Z P P I S A N I S A
N A A A A T G U N O T O T T
A U T I V F J A G S R L S O
M A O F T A A U M A U T C T
N P A A U M E L V O I V A O
C J T I S E N E M S Z G H H
C D O F L Y K L W E L E T B
T W A Y Y B O E C F X F T T
R S R F C J C I S W W P F M
A C Y F A A M A O N I F V G
```

A'IA'I
FA'ATOTO
SINASI
TUSI
TOSOINA
AULELEI
PULEGA
FA'AVAE
ALOFA
FIAFIA

MAMAFA
FESOASOANI
FAAMAONI
TELE
TOTONU
FAAPOPO
ATOATOA
LEMU
MANIPEI
TAUA

83 - Rainforest

```
U E R N H H W S N J H T T J
Y E O U M U T C O I X G V D
I N I S E T I E C T T K V M
T A U S A R U T A N O A X G
O N S O G N N J U E L C U P
E R F M I L I H A E A E A B
F N H K A D W S T R N L D C
U M H I G L U L U F A I G A
A A S L A F A A A L O A L O
T M N Y E L E N A M U B W E
A A N U F F A A S A O I N A
I L A N U I K N G N K K U X
G I K U Y A Y N O U N X O B
A O M P Z I Y X Z S X K C G
```

MANELE	MOSS
SINASO	NATURA
TAU	FAASAOINA
AO	LULUFAIGA
NUU	FAAALOALO
FEAGAIGA	TOEFUATAIGA
INISETI	OLA
MAMALI	TAUA

84 - Landscapes

```
M U M M P I C B X A M O M R
P C X J U N A V L T H A Z T
D E L H P M A U G A F S P F
G S O U Ū O S N Y P H U C U
V A E G A C A N F I P S X P
A F R Z S G V W Y S E D L E
T A E D I S U F U A T D R N
X O E V N M O T U A I S A I
X T S Y A U Y U U V B V W S
L T D F S X T P A E T K C U
S Z U J I U O J I L C J U L
A P W V M N L H O W B E O A
M A F U A G A F A T A M U Z
N Z V J S W X C E A G G H W
```

MATAFAGA	MAUGA
UA	VASA
PUPŪ	PENISULA
TOAFA	VAEGA
SUSA	SAMI
SINASI	TAUFUSI
AISA	TUNDRA
ASIPA	VANU
MOTU	MAPU
LEVA	AFU

85 - Plants

```
S T P P A N I N A T O B S A
X I M U T I A M A T U S T D
O I N L A A T O O K G C O W
R H D A C I W S W E W T G V
G G W H S D N S I F E D A U
C I P S Y O T U L A G A L O
R X D A E P V A C J F D A V
S U N W I I D A R C I H A U
M K Z O U A A L A G U F U A
F A A F O A G A K S B Z G N
F L O R A A L A T E P E B Y
D S N D V B T U A F G Z R V
A K Z W B N W G A O Z F S I
N L P H N C I S V L R E J N
```

OFE	TOGALAAU
PANI	MUTIA
BERI	ATU
TULAGA	IVY
BOTANI	MOSS
SINASO	PETALA
FLORA	A'A
FUGALAAU	LA'A
LAULAU	LAAU
FAAFOAGA	VAO

86 - Boxing

```
D N A I Y F H B S R E V H F
N T R D Z A U F Z U J D A R
F C F N F A Z U J N K I K I
I S O L A M A Z I I T I F F
L T V O J A V P T L Z V A P
I N J E E T T O G I A T M A
T Z C G K A C T H S M U I T
P A L I A L U O T M I O L P
G V V A U A O E C E L O I I
T I N O V G C L G F I V G V
U Y I X A A C E I Y L Z I D
S L O I A N L L Z G U Y T R
W X C V H Z V E F X T X O S
E R A S S J I I O M J H T I
```

PALI	FAAMATALAGA
TINO	TOTIGILIMA
AUVA	KIKI
SILI	FILI
TULILIMA	TOE LELEI
LAVA	LAULI
FUA	TOGI
FITI	MALOSI

87 - Countries #2

```
T A C J L A P E N V N X P S
E L O D J A I N A P E L A A
N J U O Z A I P O I T I K K
I E F S H J T P M G R O I A
M X C I I U I Z I O Y U S G
A H M Z F A A S N R P P I B
K Y F N Z W H R I A I S T W
A S Ā S Ā S A W G N N A A H
R N I G E R I A T R A V N S
U G A N D A P K R P P S I U
Y H M E S I K O I E A U I R
E L E N I W E R I R I N O I
R U L E P A N O N A H K D A
T A G A T A L A O S P E T P
```

ALEPANIA
TENIMAKA
ITIOPIA
ELENI
HAITI
SAKA
IAPANI
TAGATA LAOS
LEPANONA
LAIPIRIA

MESIKO
NEPAL
NIGERIA
PAKISITANI
LUSIA
SINASI
SĀSĀSA
SURIA
UGANDA

88 - Adjectives #2

```
A F Y M M X L B M P R T I T
U A E V A V F O A U A L A L
T A O A V T J A L O M L Y N
E M M K H F A B I F I D I A
N A J K W R I M E A S V O T
T T D N E L E T A G A O I U
I A X O T X U V G T M I A R
C L T G O O L W W B A K F A
M A A A D M A P T H A O A R
A G M Z L L G N A X G D T X
L A E H S E C F T V O G A M
O L T O A Z N R A L F B M T
S M B J L R M I U Z O Z A Z
I V E W A E V G A Y F A W N
```

AUTENTIC	MALIE
FOFOGAA	NATURA
FAAMATALAGA	FOU
TATAU	GALUE
MAGO	MATAMATA
AGATELE	MATAFAIOI
LALAUA	MASIMA
TALENIA	MOE
VAVE	MALOSI
FIAAI	VAO

89 - Psychology

```
F X X I M A N A T U F L I R
E A F N M Y J H H O A O V A
Y G A O Y I O W V I A T P N
M O I M A V T G C E F O E E
A L G A A T Y I I L I M A Z
N I Y E N U X H E E T E T S
A O R M O I A M E L A F Z M
T L U S G Z F L V E U E J Y
U I T I A M A T U L L Y W B
A W S V L C K Z A G I A A V
I U F O F O T E I X A N T V
P W L A R W T A G A T A J E
U T H M A G P T R X V V C I
L K B G P H O W S S I X D A
```

ILOILOGA   MANATUA
AMIO   VAAIGA
TAMAITI   TAGATA
FALEMA'I   FAAFITAULI
TETEE   MEA MONI
MITI   LAGONA
FAAMAUALUGA   FOFO
LOTO   LE LELEI
MANATU

90 - Math

```
T X A C U P P R I R S V K A
E T A F I T O T O P F F U F
S N P X P V A E G A A A V A
I Ā O G A O Ē G H I A A F A
M I A N E E L X G Z I T C T
A Ā O K U E E I V H G A T A
Y E K P K Y T M G Y A I F U
U L U I I Y E O C O Y G A N
Z O D L S G T I U I N A A R
X I F I M V K L N F U P T R
R Ā S B L U P M V J W W A T
W J F U N J O X T U G Y S P
D F C U T L B E Z V K H I B
G F F A A T A I C P M T L I
```

Ā'OGA   FA'ATASI
FA'ATAU   PILI
LIOMI   POLIGON
TESIMA   FA'ATA'I
TETELĒ   SIKUEA
FA'ATA'IGA   FA'AIGA
VAEGA   TAFITOTO
ĀI O LE ĀIĀ   TUSI

91 - Water

```
F  J  O  V  K  B  T  L  G  K  O  P  H  U
N  A  V  A  L  A  A  E  V  A  E  G  A  N
R  U  A  Z  N  R  G  V  I  K  B  U  A  U
U  S  L  I  J  D  A  A  D  F  D  G  W  Z
G  X  O  P  F  F  T  M  L  O  X  Z  Y  N
A  B  L  X  S  A  A  I  K  G  Y  K  W  Z
L  M  O  K  N  L  I  C  D  L  K  V  E  D
U  E  G  Z  R  P  D  E  F  A  A  A  L  I
T  V  A  P  J  M  M  U  I  F  Z  R  E  N
V  A  A  A  G  A  P  E  B  S  D  E  L  A
A  A  N  A  L  S  R  S  T  C  U  S  U  S
I  V  O  C  F  U  Y  W  E  M  M  Y  F  L
I  N  I  N  O  Ā  E  J  B  D  I  E  G  S
Y  L  K  X  V  A  U  A  F  N  T  G  Z  B
```

ALAVA	LEVA
ININO	TAGATA
SUA	VAAAGA
LOLOGA	TIMU
FULELE	VAEGA
GEYSER	FA'A'ALI
SUSU	KIONA
AFĀ	AUA
ICE	GALU
FA'AI FAI	

92 - Activities

```
T S P H V F E T S Y H I R R
T O I H W A M A G O L A A T
O N L V J I O U K M S D E R
G O X A A G X S H X O O Z M
I F F I U A R A D C I I G X
L A H F B A V G V O V U V A
H L H A X P P A T E N A M G
I U S I U S K I N D R T M E
W T C F S L U N G H S I T U
M A F U L E G A G A L A L L
P T F A A U N A G A U F Z A
F A A T O A G A N Y I K M G
W F Y W T Z W S P G X X M J
C T U S I X S W H X D X L G
```

GALUEGA
TUSI
TOLAUAPIGA
TULAFONO
SIVA
FAIGA
TAALOGA
FAATOAGA
SOSOGA
TAUSAGA

LALAGA
FA'AUNAGA
MANETA
ATA
FIAFIA
FAITAU
MAFULEGA
SUISUI
TOGI

93 - Business

```
H I N A P U M A K F H F D F
E Y Y L G G O O C L Z A M A
Z F R E X E E L U P Y A F A
L S S A L A U O M D R T E I
P C F G Y G W L P V V A A T
Z I V A E I L J A V N U G I
T U U I N A Z A C G V I A T
U A A F S O O T F U Y C I U
M A T A T A O F U O N W G L
C N L D M M F A J P G L A A
T O M S K A I I P K E A V G
Z T L E F T S G R H K U H A
S B O U A T A A F O V G V A
Y P Y F I R H M H R U Z C B
```

MATATA	TU'UINA
KAMUPANI	PULE
TAU	OLOA
TUPE	OFISA
FA'AITI	TULAGA
TAMAOAIGA	FAATAU
GALUEGA	FA'ATAU
FAIGA	LAFOGA
ALEAGA	FEAGAIGA

94 - The Company

```
U V Y C X Z P F T F G U Z R
P C K V L D U O U A A M M I
A L U A G A N F U A L D U A
G O U G A X A O I T U X G L
A O I U P U O G N O E C L U
U R M I Z U A A A N G K J S
F L U A G A R A Y U A P A A
A V O A J P I S I N I S I G
U T E F I U N I T E U B K A
F T U I T D R E G F U W H Z
C Y C U P V N A E U B I Z N
Z L W T I G A L O L A L G F
Y A W D F N W L W M T X O A
O L O A Z N A T A U L A G A
```

PISINISI
FOFOGAA
FAAIUGA
GALUEGA
LALOLAGI
ALUSAGA
FUAFUAGA
TU'UINA
FA'ATONU

TUUINA
OLOA
ALUAGA
UIGA
TAULAGA
PUNAOA
LUAGA
IUNITE

95 - Literature

```
H  F  F  T  A  L  A  N  O  A  G  A  F  T
N  W  A  A  U  S  D  D  Y  M  P  K  A  O
J  Z  G  A  A  Z  J  W  C  N  X  R  A  T
I  O  O  C  M  T  D  Z  P  C  J  M  M  O
G  C  L  I  S  A  U  T  A  N  A  M  A  N
A  T  I  F  F  F  T  S  S  G  U  Y  T  U
H  T  O  A  U  T  U  A  A  H  F  L  A  Z
G  E  L  R  Z  F  J  M  L  L  G  K  L  B
V  R  I  G  I  A  A  B  D  A  D  H  A  X
S  O  T  O  T  A  A  F  L  L  G  L  I  Z
I  L  F  I  J  T  Y  A  X  I  O  A  N  D
U  O  H  B  S  A  G  A  U  T  U  A  A  F
W  S  B  S  Y  U  F  A  A  I  U  G  A  M
T  A  L  A  I  C  T  F  A  T  I  D  M  Z
```

FA'ATUSA	FA'ATAU
ILOILOGA	FAAMATALAINA
TUSI	MANATU
BIOGRAFI	SOLO
FA'AUTUAGA	FA'ATOTO
FAAIUGA	FATI
FAAMATALAGA	IGA
TALANOAGA	AUTU
TOTONU	TALA

96 - Geography

```
F I X B F R Z M R E A M V H
N A I D I R E M O O P A A R
I G A L U T I J G T Ā T E A
M U A T W T B E U S U U G T
A A V N A H I N V I I U A U
S M M X D U P O A S S K Z N
L F Z E M L T S S I Ē R A U
T E R I T O R I A F M E A U
A L U E G A R R T O Z J K V
S S E D L A L O L A G I T T
G A S C O N T I N E N T E V
C N U L R A L C L V H I O M
Z V Y T H C M F O L E N K T
Z I L D E A V A N O A I Z Y
```

ALUEGA	MAUGA
ĒSIUĀ	MATU
AAI	VASA
CONTINENTE	RISONE
ATUNUU	VAEGA
ITULAGI	SAMI
MOTU	SAUTE
AVANOA	TERITORI
FA'ATAU	SISIFO
MERIDIAN	LALOLAGI

97 - Pets

```
O U J X P P A K K F Y Z W G
O A S U E M A L S U M U S I
P L A P I I J D F U L U O S
F A I O A U M A I L E A L U
X E R P V Z B A W Y S G H P
Y F T O A M N E M T I M J N
V K I I J M E A A I P P U P
J F G M N N E N V U J Y G I
N G C B Y A O G K E N W E M
V L T F V V R V A W O F W I
M K E J Z N Y I E L T V M T
D D O P S H Z T O U I N K R
N O E S P B M D R I B D V T
G G G I X C G H Y I I C L V
```

PUSI   ISUMU
KULA   PARO
POPU   PUPPI
MAILE   LAPI
I'A   I'U
MEAAI   LAMEU
OTI   FETINARI
PISE   VAI

98 - Jazz

```
A H F L I P I N E J F M C H
U V R A I O I T W B O B B C
F M J G T X T U P Z U N H I
A R W I E U A S M U S I K A
A Z B A S U P I F I J B I I
I T P A A W I E S A V F N S
L I N F N G T A S K A H E I
I B V I O D A W B E V V L N
U Z F Z K Y P C Y O A A A K
K J P E S E N P K U M U T E
K N R J I G Z F R I A A U T
F A A M A M A F A T G L P D
A X N W K L Z S H A B A Y H
S A B W O P A L K F T L E T
```

LIPINE

PATIPATI

TUSI

FATUPESE

FA'AVAE

KONASETI

TUMU

FAAMAMAFA

LALAUA

FA'AIGA

MUSIKA

FOU

TUAAI

AUFAAILI

FATI

PESE

IGA

TALENI

TEKNISI

99 - Nature

```
H T J X M O A S A A F C F S
A L U H H A I N K U H C I I
M L T I S K S P I M A P L N
O U O G U N A M T E P T E A
F A A F O A G A E L N N M S
P L V A O Y U V T I P D U O
V U C X L X W P J F S H V S
A A A T I E L E L A L N A E
B L R O Z G I R D O U M E X
D H D A P Z K S D T Z A G H
I U R A K U N J E Y H R A W
T O A F A I A L A E V X M Y
K K U L U R W L B D H S C U
A L W V O J B F N W A X M T
```

MANU	FAAFOAGA
SINASO	AISA
LALELEI	FILEMU
PI	VAEGA
AO	FAASAO
TOAFA	TOAFILEMU
ALA	TETIKA
PUAO	TAUA
LAULAU	VAO

100 - Vacation #2

```
O Z E L E T A O T M E P D F
B X M X E O F A F A Z W F E
L V C V Z L I G Z L J I H A
X J A E F A G A F A T A M G
X F S E T U D N R G F D T A
F E I E L A F U A A A L U I
N A N P M P O A S P A I S G
W F A S Y I M A S V T Z I A
M F Y U Z G V F T E A S F W
F R K T U A M I Y B U V O C
C B N O K G I Y S V R L L I
H N T M C E A E J A R B A C
F A L E T A L I M A L O U L
K V M A L A E V A A L E L E
```

MALAEVAALELE	FA'AUNAGA
MATAFAGA	FA'ATAU
TOLAUAPIGA	TUSIFOLAU
FA'AU'UGA	SAMI
FAFO	FALEIE
FALETALIMALO	TO'ATELE
MOTU	FEAGAIGA
MALAGA	VISA

1 - Antiques

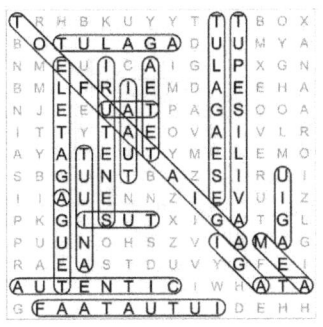

2 - Food #1

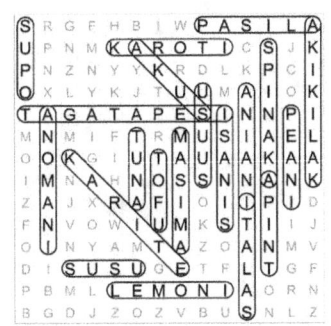

3 - Measurements

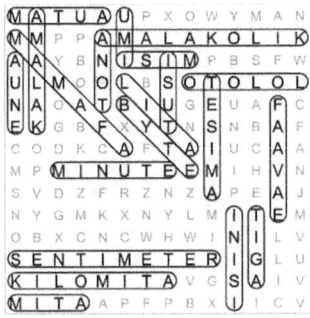

4 - Farm #2

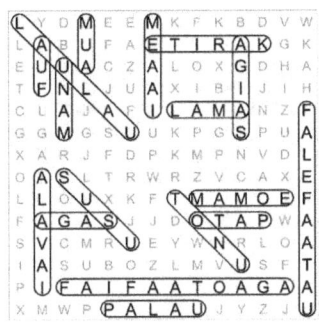

5 - Books

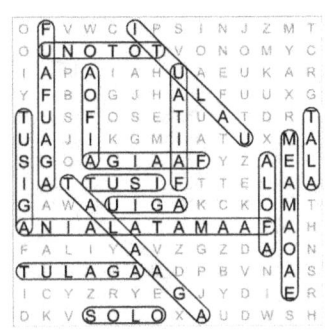

6 - Days and Months

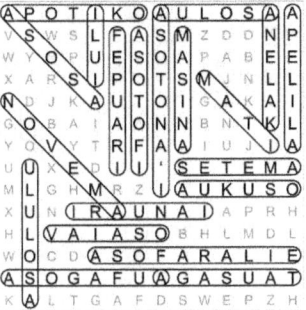

7 - Energy

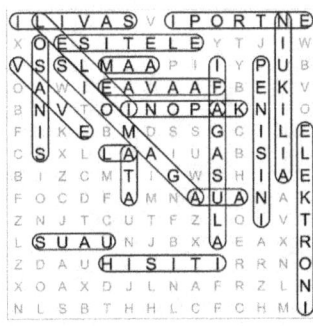

8 - Archeology

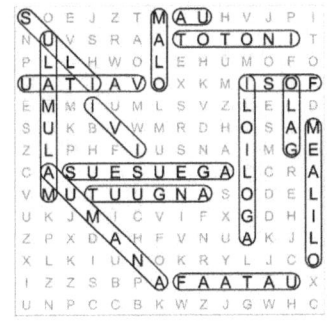

9 - Food #2

10 - Chemistry

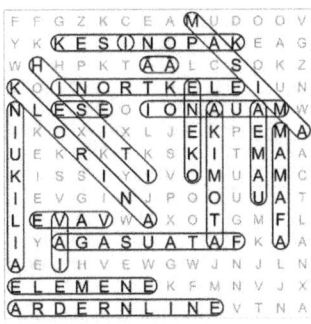

11 - Music

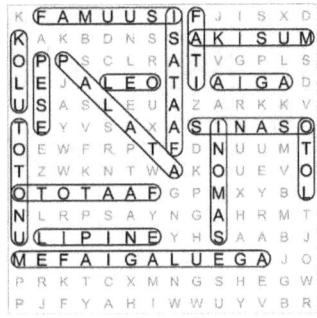

12 - Farm #1

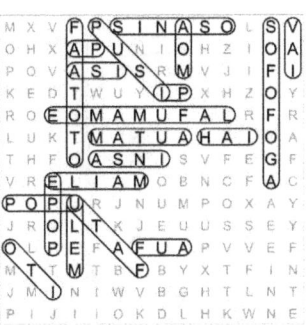

13 - Camping

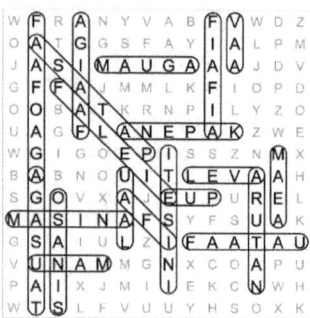

14 - Algebra

15 - Numbers

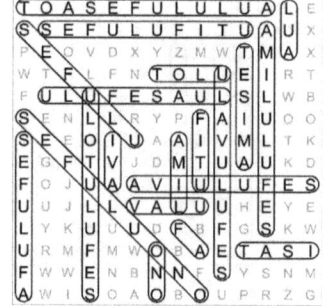

16 - Spices

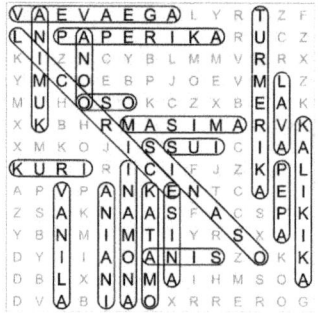

17 - Universe

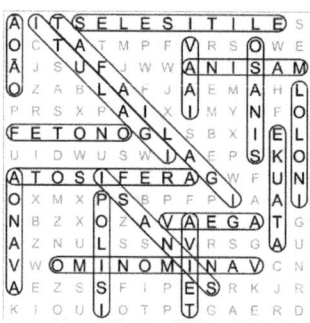

18 - Mammals

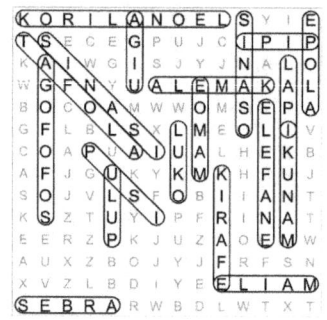

19 - Fishing

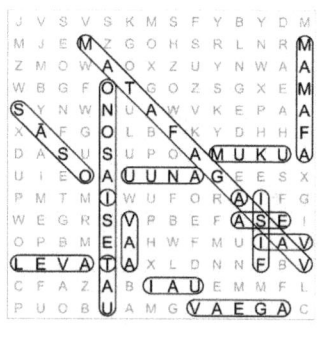

20 - Restaurant #1

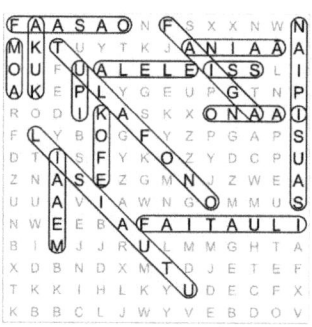

21 - Bees

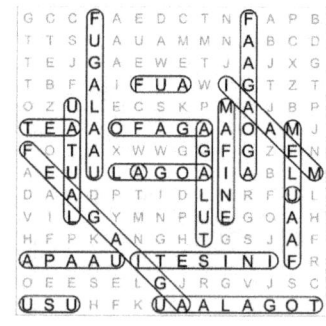

22 - Sports

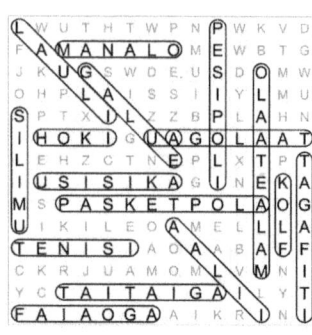

23 - Weather

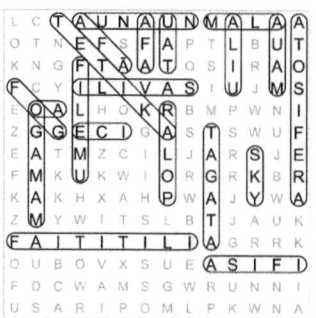

24 - Adventure

25 - Sport

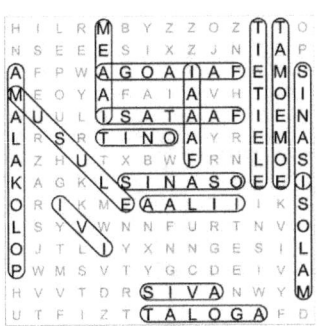

26 - Circus

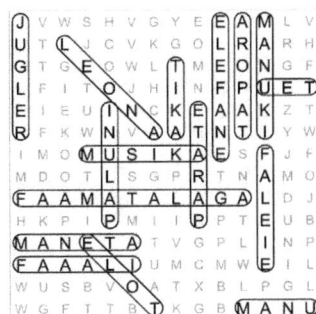

27 - Geology

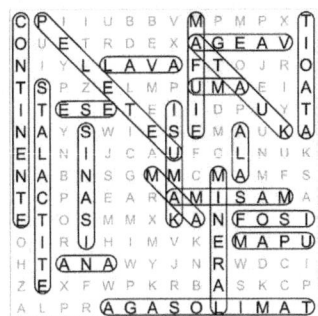

28 - House

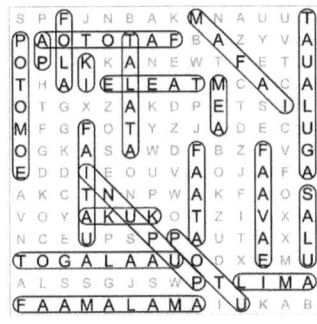

29 - Physics

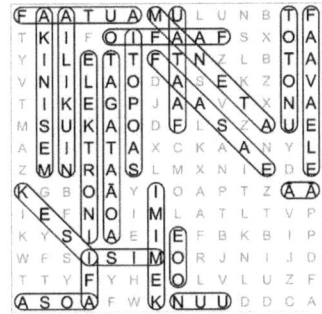

30 - Bathroom

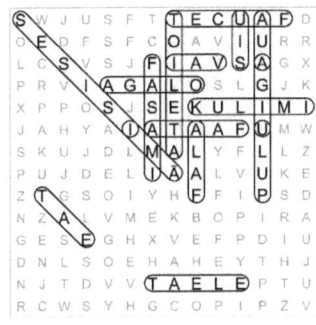

31 - Dance

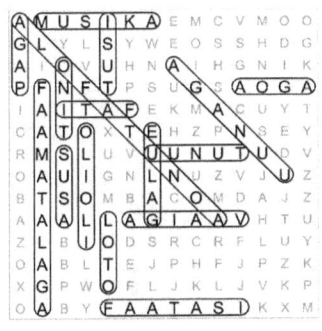

32 - Colors

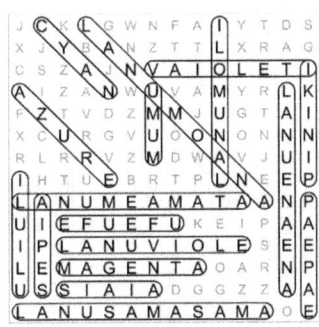

33 - Climbing

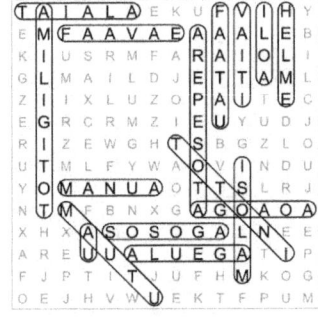

34 - Shapes

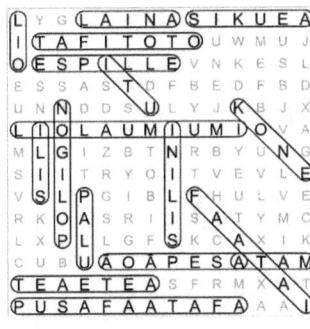

35 - Scientific Disciplines

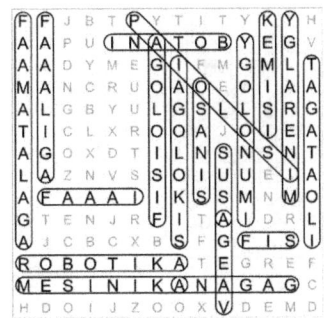

36 - Science

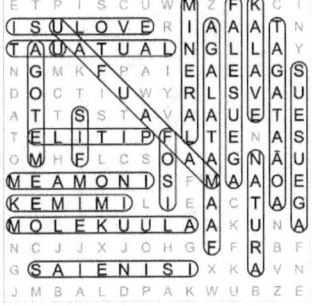

37 - Beauty

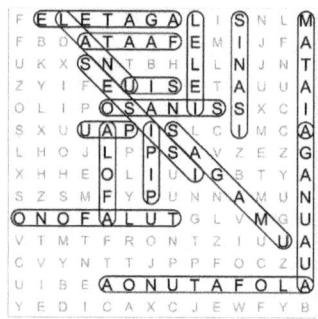

38 - Clothes

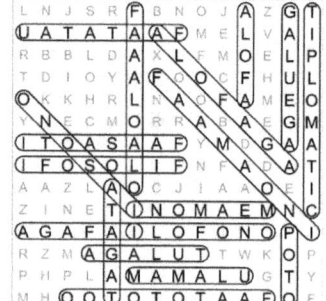

39 - Ethics

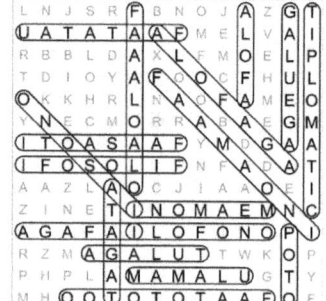

40 - Insects

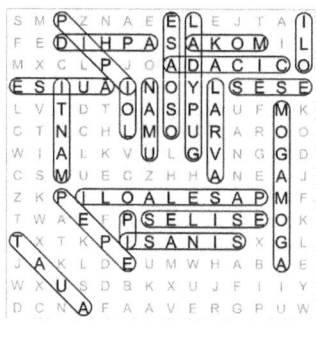

41 - Astronomy

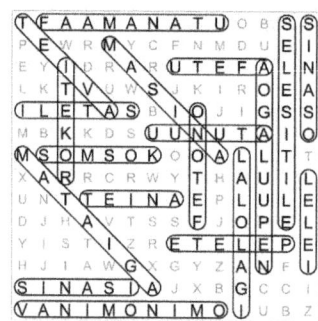

42 - Health and Wellness #2

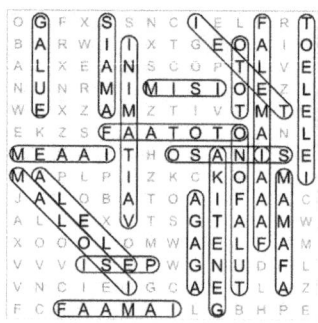

43 - Time

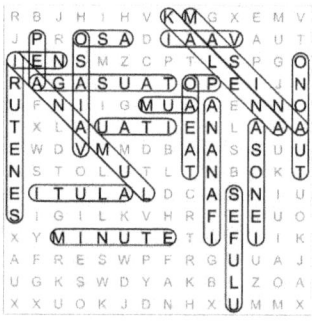

44 - Buildings

45 - Gardening

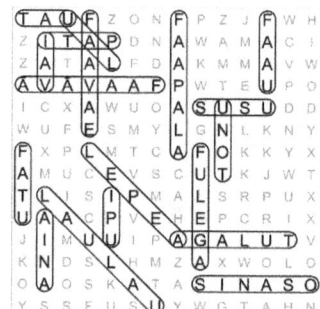

46 - Herbalism

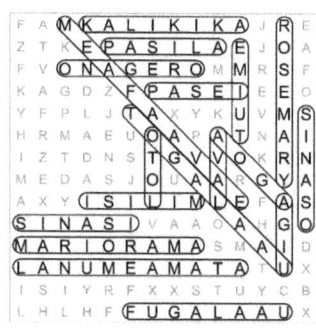

47 - Vehicles

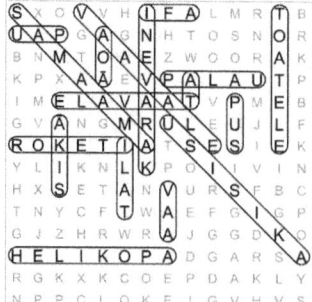

48 - Flowers

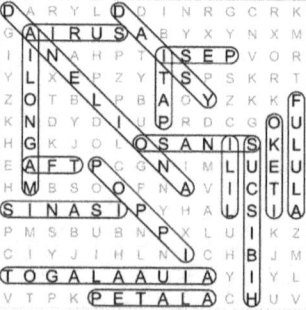

49 - Health and Wellness #1

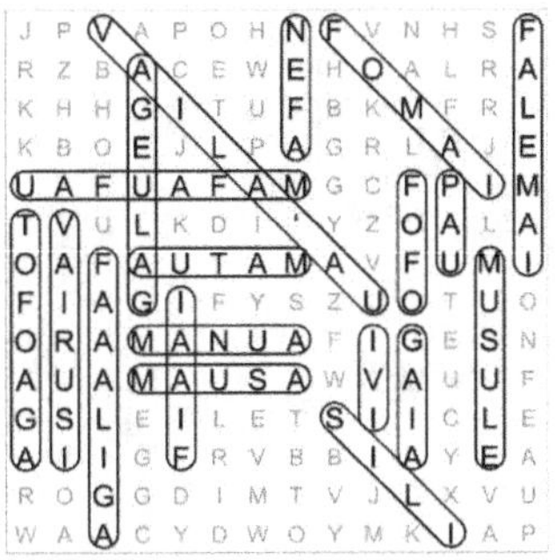

50 - Town

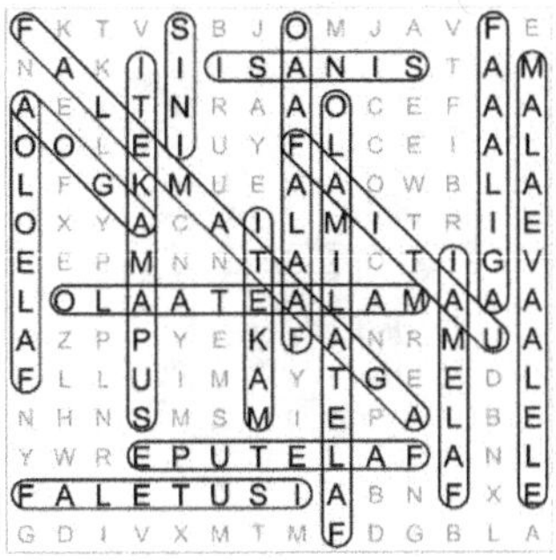

51 - Antarctica

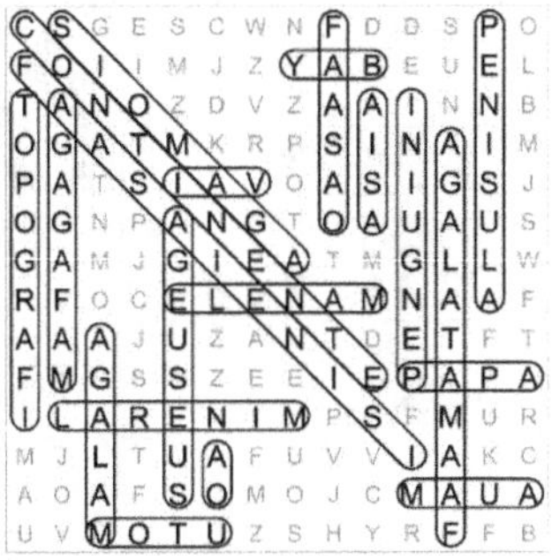

52 - Ballet

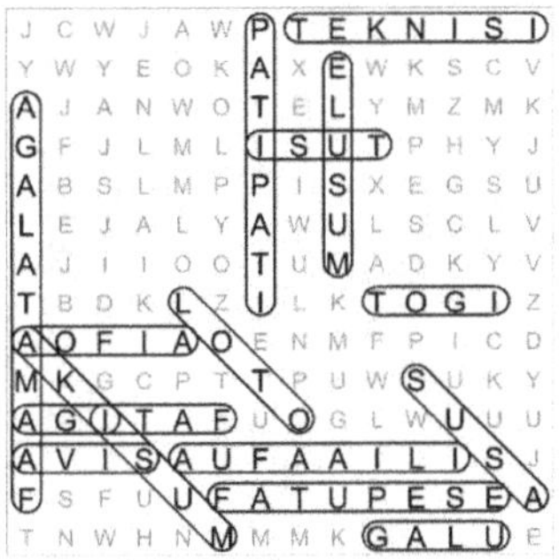

53 - Human Body

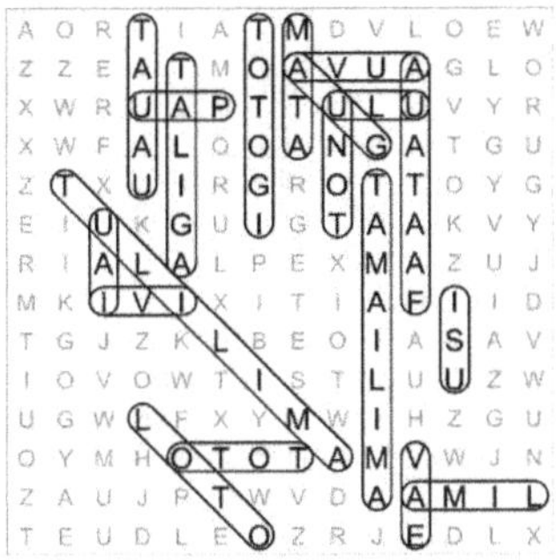

54 - Musical Instruments

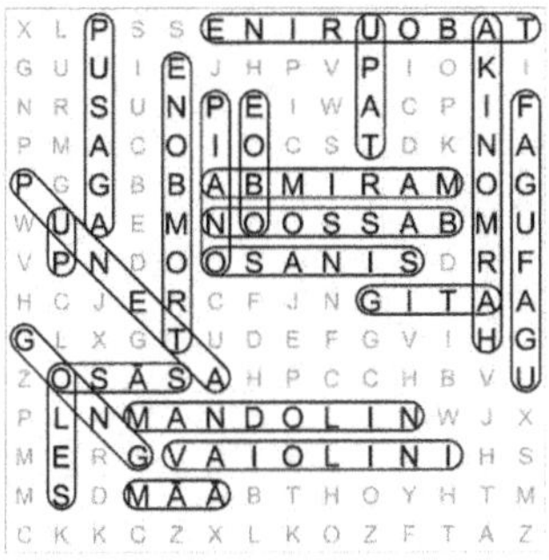

55 - Fruit

56 - Engineering

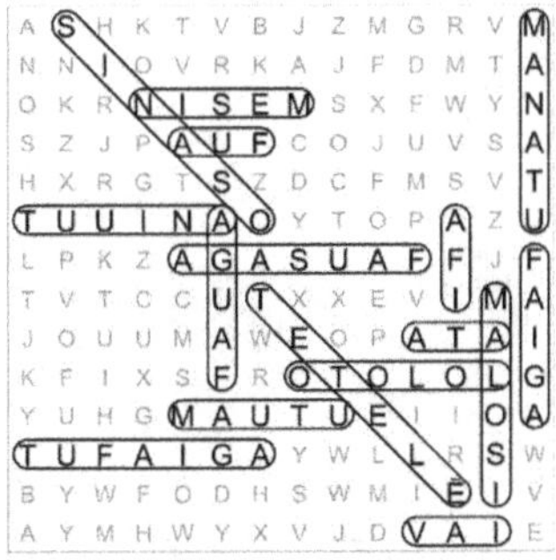

57 - Government

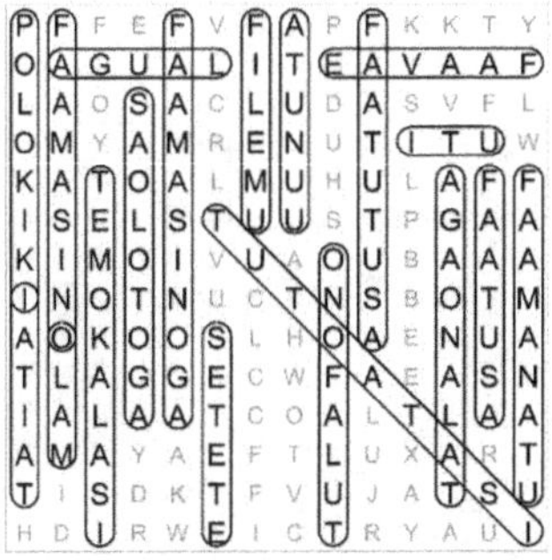

58 - Art Supplies

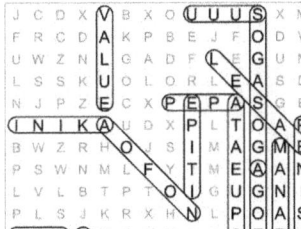

59 - Science Fiction

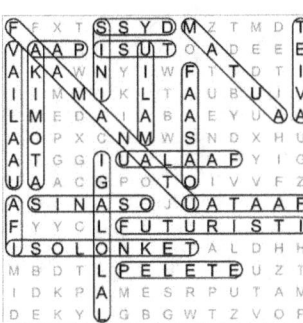

60 - Geometry

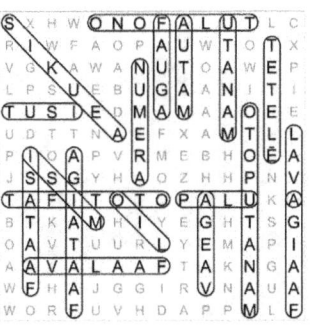

61 - Creativity

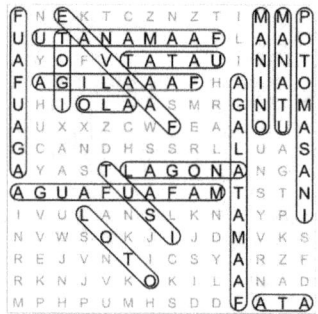

62 - Airplanes

63 - Ocean

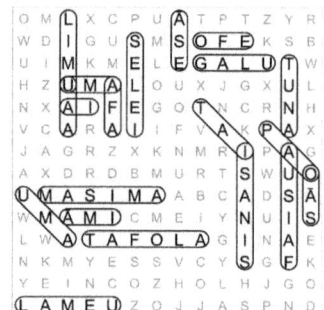

64 - Birds

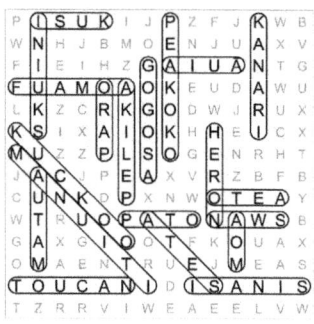

65 - Politics

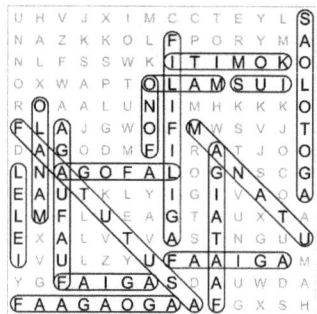

66 - Nutrition

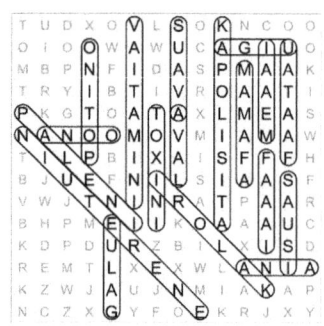

67 - Hiking

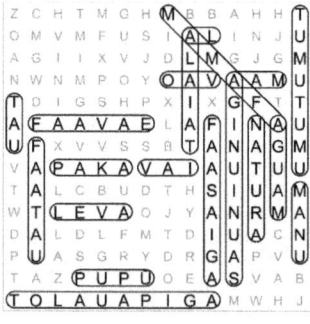

68 - Professions #1

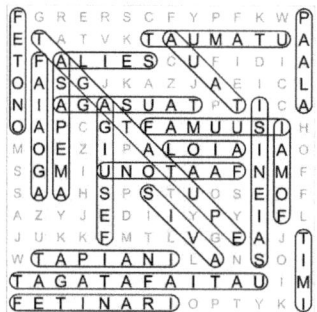

69 - Barbecues

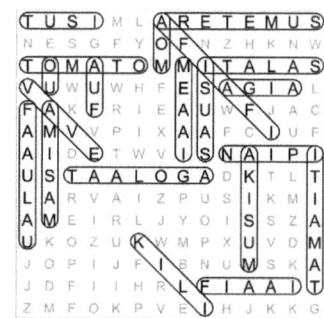

70 - Chocolate

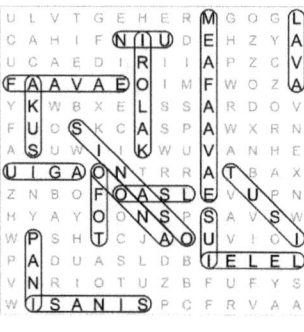

71 - Vegetables

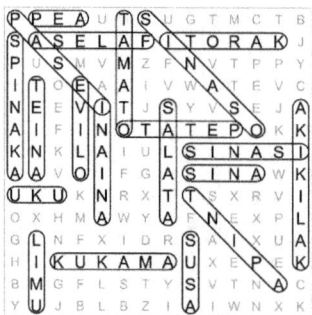

72 - Boats

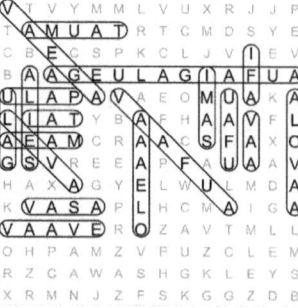

73 - Activities and Leisure

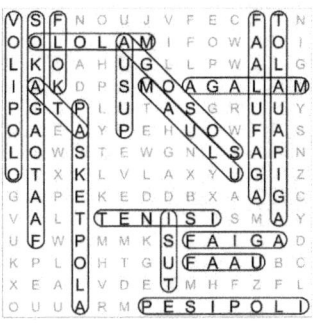

74 - Driving

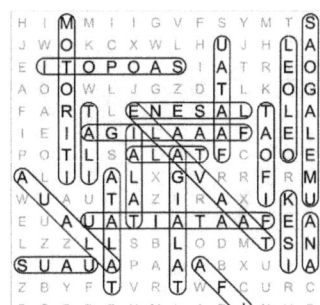

75 - Professions #2

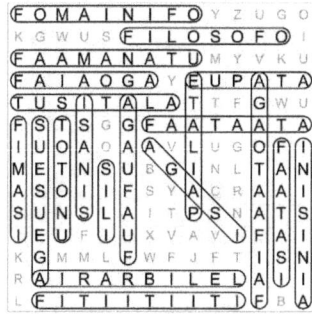

76 - Mythology

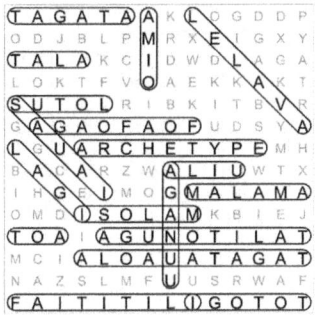

77 - Hair Types

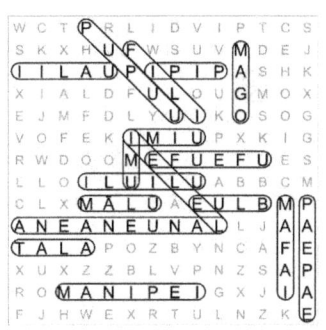

78 - Garden

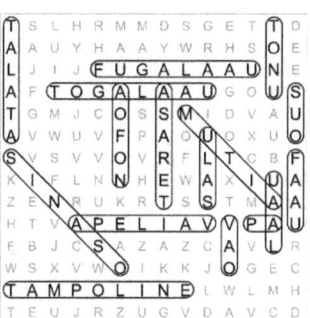

79 - Diplomacy

80 - Beach

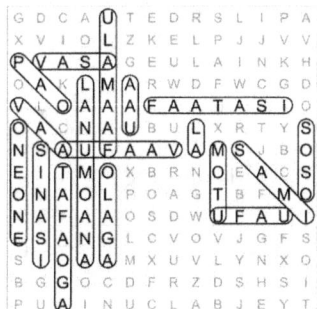

81 - Countries #1

82 - Adjectives #1

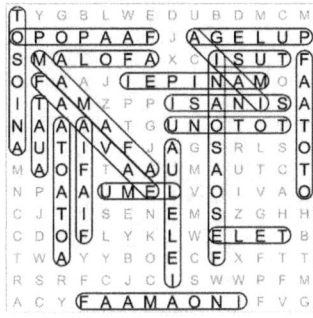

83 - Rainforest

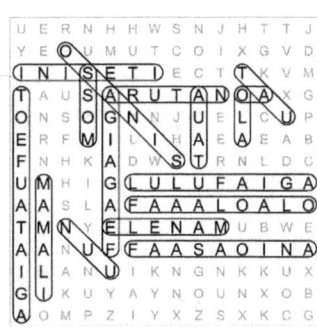

84 - Landscapes

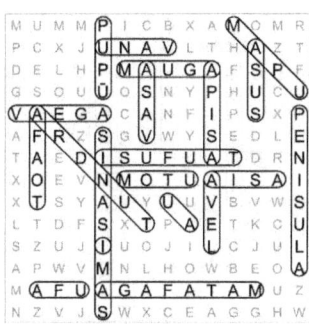

85 - Plants

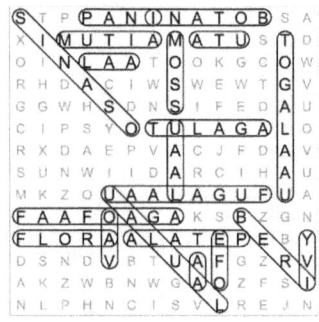

86 - Boxing

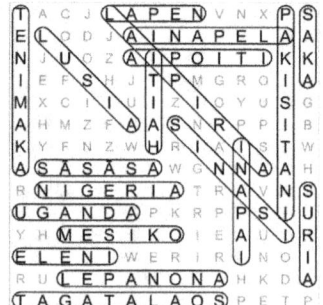

87 - Countries #2

88 - Adjectives #2

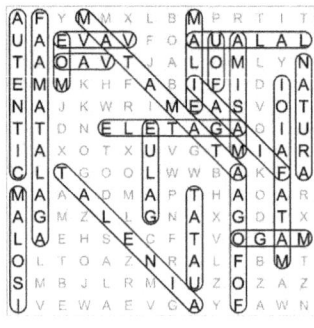

89 - Psychology

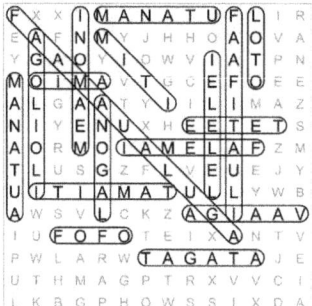

90 - Math

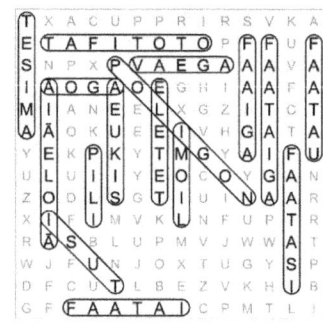

91 - Water

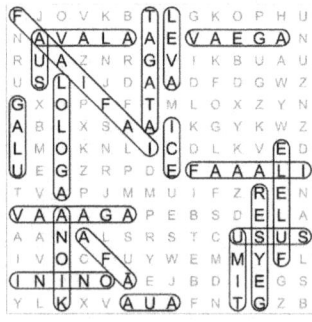

92 - Activities

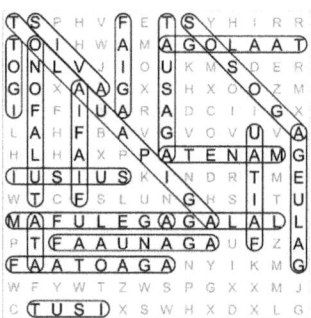

93 - Business

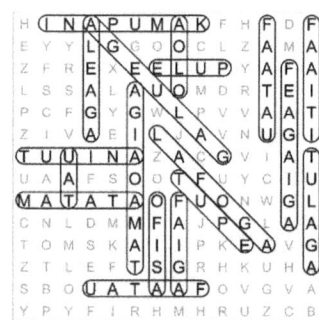

94 - The Company

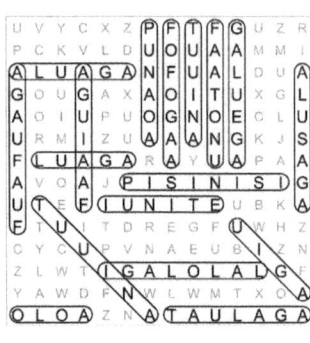

95 - Literature

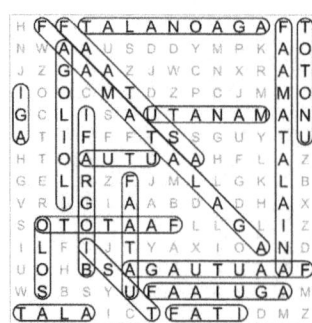

96 - Geography

97 - Pets

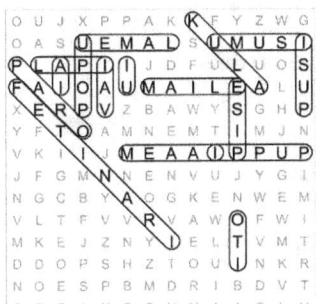

98 - Jazz

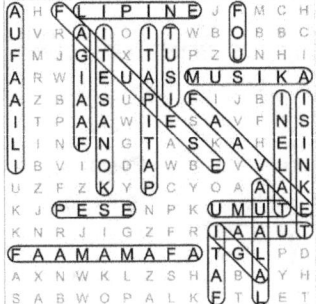

99 - Nature

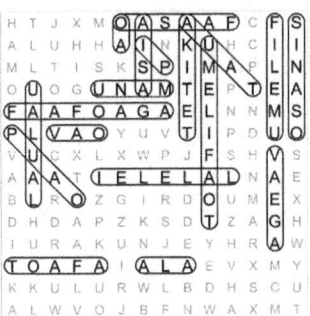

100 - Vacation #2

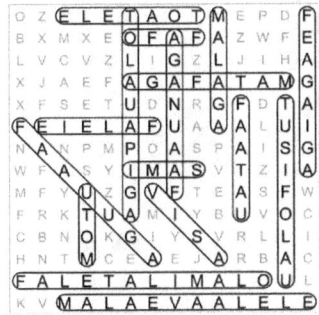

Dictionary

Activities
Gaoioiga

Activity	Galuega
Art	Tusi
Camping	Tolauapiga
Crafts	Tulafono
Dancing	Siva
Fishing	Faiga
Games	Taaloga
Gardening	Faatoaga
Hiking	Sosoga
Hunting	Tausaga
Knitting	Lalaga
Leisure	Fa'Aunaga
Magic	Maneta
Photography	Ata
Pleasure	Fiafia
Reading	Faitau
Relaxation	Mafulega
Sewing	Suisui
Skill	Togi

Activities and Leisure
Gaoioiga ma Taimi Paganoa

Art	Tusi
Baseball	Pesipoli
Basketball	Pasketpola
Boxing	Pusua
Camping	Tolauapiga
Diving	Maulu
Fishing	Faiga
Gardening	Faatoaga
Golf	Kolf
Hiking	Sosoga
Painting	Ata
Relaxing	Malolo
Soccer	Soka
Surfing	Fa'Alufaga
Swimming	Fa'Au
Tennis	Tenisi
Travel	Malaga
Volleyball	Volipolo

Adjectives #1
Su'ega #1

Absolute	A'la'l
Ambitious	Fa'Atoto
Aromatic	Sinasi
Artistic	Tusi
Attractive	Tosoina
Beautiful	Aulelei
Dark	Pulega
Exotic	Fa'Avae
Generous	Alofa
Happy	Fiafia
Heavy	Mamafa
Helpful	Fesoasoani
Honest	Faamaoni
Huge	Tele
Identical	Totonu
Modern	Faapopo
Perfect	Atoatoa
Slow	Lemu
Thin	Manipei
Valuable	Taua

Adjectives #2
Su'ega #2

Authentic	Autentic
Creative	Fofogaa
Descriptive	Faamatalaga
Dramatic	Tatau
Dry	Mago
Elegant	Agatele
Famous	Lalaua
Gifted	Talenia
Hot	Vave
Hungry	Fiaai
Interesting	Malie
Natural	Natura
New	Fou
Productive	Galue
Proud	Matamata
Responsible	Matafaioi
Salty	Masima
Sleepy	Moe
Strong	Malosi
Wild	Vao

Adventure
Manu'A

Activity	Galuega
Beauty	Lalelei
Chance	Avanoa
Dangerous	Tala
Destination	Fa'Au'Uga
Difficulty	Faigata
Excursion	Feagaiga
Friends	Uo
Joy	Olioli
Nature	Natura
Navigation	Fa'Ata'Iga
New	Fou
Preparation	Sauniuniga
Safety	Saogalemu
Unusual	Tulaga Ese

Airplanes
Vaalele

Adventure	Fa'Aiga
Air	Ea
Altitude	Aluega
Atmosphere	Atosepera
Balloon	Paloni
Construction	Fausaga
Crew	Aufaigaluega
Descent	Tulaga
Design	Mamanu
Engine	Afi
Fuel	Suau
Height	Matua
History	Tala
Hydrogen	Hisiti
Landing	Lelei
Passenger	Pasese
Pilot	Pailate
Propellers	Fa'Avae
Sky	Vanimonimo
Turbulence	Feagaiga

Algebra
Algebra

Diagram	Ata
Equation	Fa'Ata'Iga
Factor	Fa'Aaliga
False	Sese
Formula	Fa'Atau
Fraction	Vaega
Infinite	E le I'U
Matrix	Taupua
Number	Numera
Parenthesis	A'Oa'Oga
Problem	Faafitauli
Simplify	Fa'Amalele
Solution	Fofo
Subtraction	Toese
Variable	Fuafuaga
Zero	O

Antarctica
Anetatika

Bay	Bay
Birds	Manele
Clouds	Ao
Conservation	Faasao
Continent	Continente
Environment	Si'Omaga
Expedition	Malaga
Geography	Faamatalaga
Ice	Aisa
Islands	Motu
Migration	Mafagaga
Minerals	Mineral
Penguins	Penguini
Peninsula	Penisula
Researcher	Su'Esu'Ega
Rocky	Papa
Scientific	Faasaienisi
Temperature	Maua
Topography	Topografi
Water	Vai

Antiques
Mea Tuai

Art	Tusi
Auction	Faatautui
Authentic	Autentic
Century	Seneturi
Coins	Tupe Siliva
Decorative	Tetea
Elegant	Agatele
Furniture	Mea
Investment	Tu'Uina
Jewelry	Teuga
Old	Tuaai
Price	Tau
Quality	Uiga
Restoration	Toefuataiga
Sculpture	Ata
Style	Iga
Unusual	Tulaga Ese
Value	Tulaga

Archeology
Su'Esu'ega Ākeoloa

Analysis	Iloiloga
Antiquity	Anamua
Bones	Ivi
Civilization	Malo
Descendant	Suli
Era	Vaitau
Expert	Totoni
Forgotten	Galo
Fossil	Fosi
Mystery	Mea Lilo
Relic	Fa'Atau
Researcher	Su'Esu'Ega
Team	Au
Temple	Malumalu
Tomb	Tuugna

Art Supplies
Sapalai Ata

Acrylic	Tagata Āseāsi
Brushes	Pulu
Camera	Mea Pueata
Chair	Nofoa
Clay	Omea
Creativity	Sogasoga
Easel	Easel
Eraser	Itipe
Glue	Kelu
Ideas	Manatu
Ink	Inika
Oil	Su'Uu
Paper	Pepa
Pencils	Penisili
Table	Lafoga
Water	Vai
Watercolors	Value

Astronomy
Astronomy

Asteroid	Sinasi
Astronaut	Fa'Amanatu
Astronomer	Fetono
Celestial	Selesitile
Comet	Teina
Constellation	Āfetu
Cosmos	Kosmos
Earth	Lalolagi
Eclipse	Ā'Oga
Galaxy	Teiva
Moon	Masina
Nebula	Nepuula
Observatory	Mata'Iga
Planet	Pelete
Radiation	Lelei
Rocket	Roketi
Satellite	Sateli
Sky	Vanimonimo
Universe	Atunuu
Zodiac	Sinaso

Ballet
Paleti

Applause	Patipati
Artistic	Tusi
Audience	Aofia
Choreography	Susa
Composer	Fatupese
Dancers	Siva
Expressive	Fa'Amatalaga
Gesture	Galu
Intensity	Loto
Muscles	Musule
Music	Musika
Orchestra	Aufaaili
Rhythm	Fati
Skill	Togi
Style	Iga
Technique	Teknisi

Barbecues
Papakiu

Chicken	Moa
Children	Tamaiti
Family	Aiga
Food	Meaai
Forks	Tusi
Friends	Uo
Fruit	Fua
Games	Taaloga
Grill	Kili
Hot	Vave
Hunger	Fia'Ai
Knives	Naipi
Lunch	Afiafi
Music	Musika
Salads	Salati
Salt	Masima
Sauce	Sausi
Summer	Sumetera
Tomatoes	Tomato
Vegetables	Fa'Aulau

Bathroom
Faleta'Ele

Bath	Ta'E
Bubbles	Pulu
Faucet	Faucet
Lotion	Kulimi
Mirror	Fa'Ata
Perfume	Uiga
Rug	Fala
Scissors	Sesisi
Shampoo	Siu
Shower	Taele
Soap	Fasami
Sponge	Āmi
Steam	Aua
Toilet	Toileta
Towel	Olaga
Water	Vai

Beach
Matafaga

Blue	Lanumoana
Boat	Vaa
Coast	Faatasi
Crab	Pa'O
Dock	Uafu
Island	Motu
Lagoon	Sinasi
Ocean	Vasa
Reef	A'Au
Sailboat	Va'a Fua
Sand	Oneone
Sandals	Soso
Sea	Sami
Sun	La
Towel	Olaga
Umbrella	Faamalu
Vacation	Tafaoga

Beauty
Lalelei

Charm	Alofa
Color	Lanu
Cosmetics	Sinasi
Curls	Pipi
Elegance	Mata'la
Elegant	Agatele
Fragrance	Sagamu
Grace	Alofatunoa
Mascara	Sinaso
Mirror	Fa'Ata
Scissors	Sesisi
Services	Auaunaga
Shampoo	Siu
Skin	Pa'U
Smooth	Lelei
Stylist	Tulafono

Bees
Pi

Beneficial	Aoga
Blossom	Tulaga
Diversity	Feagaiga
Ecosystem	Fa'Aga'Oga
Flowers	Fugalaau
Food	Meaai
Fruit	Fua
Garden	Togalaau
Hive	Ofaga
Honey	Melu
Insect	Iniseti
Plants	Lautau
Pollen	Te'A
Queen	Mafine
Smoke	Usu
Sun	La
Swarm	Fa'Au
Wings	Apaau

Birds
Manulele

Canary	Kanari
Chicken	Moa
Crow	Matua
Cuckoo	Kuckoo
Duck	Pato
Eagle	Aeto
Egg	Fuamoa
Goose	Kusi
Gull	Gogosa
Hawk	Āu I'A
Heron	Heron
Ostrich	Sinasi
Parrot	Paro
Peacock	Peakoko
Pelican	Pelika
Penguin	Skuini
Sparrow	Manuiti
Stork	Seta
Swan	Swan
Toucan	Toucan

Boats
Vaa

Anchor	Tauma
Buoy	Palu
Canoe	Vaa
Crew	Aufaigaluega
Dock	Uafu
Engine	Afi
Kayak	Alovaa
Lake	Leva
Mast	O le A'Aa
Ocean	Vasa
River	Vaega
Rope	Maea
Sailboat	Va'a Fua
Sailor	Seila
Sea	Sami
Tide	Tai
Waves	Galu
Yacht	Vaave

Books
Tusi

Adventure	Fa'Aiga
Author	Tusi
Character	Uiga
Collection	Aofia
Context	Talaaga
Duality	Tulaga
Epic	Mea Maoae
Historical	Tala
Humorous	Alofa
Inventive	Fuafuaga
Literary	Tusiga
Narrator	Faamatalaina
Page	Itulau
Poem	Solo
Poetry	Tusi
Reader	Faitau
Relevant	Totonu

Boxing
Fusu

Bell	Pali
Body	Tino
Chin	Auva
Corner	Sili
Elbow	Tulilima
Exhausted	Lava
Fighter	Fua
Fist	Fiti
Focus	Faamatalaga
Gloves	Totigilima
Kick	Kiki
Opponent	Fili
Recovery	Toe Lelei
Referee	Lauli
Skill	Togi
Strength	Malosi

Buildings
Fale

Apartment	Matagaluega
Barn	Falefa'Atau
Cabin	Kapena
Castle	Fa'Atau
Cinema	Sini
Embassy	Amepasa
Factory	Aleaga
Farm	Faiga
Hospital	Falemai
Hotel	Faletalimalo
Laboratory	Falesuega
Museum	Falemataaga
Observatory	Mata'Iga
School	Aoga
Stadium	Malae Taalo
Supermarket	Supamaketi
Tent	Faleie
Theater	Fa'Aaliga
Tower	Olo
University	Iunivesete

Business
Pisinisi

Career	Matata
Company	Kamupani
Cost	Tau
Currency	Tupe
Discount	Fa'Aiti
Economics	Tamaoaiga
Employee	Galuega
Employer	Faiga
Factory	Aleaga
Investment	Tu'Uina
Manager	Pule
Merchandise	Oloa
Money	Tupe
Office	Ofisa
Profit	Tulaga
Sale	Faatau
Shop	Fa'Atau
Taxes	Lafoga
Transaction	Feagaiga

Camping
Tolauapiga

Adventure	Fa'Aiga
Animals	Manu
Cabin	Kapena
Canoe	Vaa
Compass	Patasa
Fire	Afi
Forest	Faafoaga
Fun	Fiafia
Hammock	Sinaso
Hat	Pue
Hunting	Tausaga
Insect	Iniseti
Lake	Leva
Map	Fa'Atau
Moon	Masina
Mountain	Mauga
Nature	Natura
Rope	Maea
Tent	Faleie
Trees	Laau

Chemistry
Kemisi

Acid	Ēse
Alkaline	Ardernline
Atomic	Atomika
Carbon	Kaponi
Chlorine	Klorina
Electron	Elektroni
Elements	Elemene
Enzyme	Fa Tausaga
Gas	Kesi
Heat	Vave
Hydrogen	Hisiti
Ion	Iona
Liquid	Vai
Metals	Uamea
Molecule	Ā'Ā
Nuclear	Niukilia
Oxygen	Okene
Salt	Masima
Temperature	Maua
Weight	Mamafa

Chocolate
Sukalati

Antioxidant	Sinasi
Bitter	Oona
Cacao	Lsao
Calories	Kalori
Caramel	Sinaso
Coconut	Niu
Delicious	Lelei
Exotic	Fa'Avae
Flavor	Lava
Ingredient	Mea Fa'Avae
Peanuts	Pani
Quality	Uiga
Recipe	Tusi
Sugar	Suka
Sweet	Sui
Taste	Tofo

Circus
Circus

Acrobat	Aropat
Animals	Manu
Balloons	Paluni
Costume	Te'U
Elephant	Elefane
Juggler	Jugler
Lion	Leona
Magic	Maneta
Monkey	Manuki
Music	Musika
Parade	Parate
Show	Faaali
Spectator	Faamatalaga
Tent	Faleie
Tiger	Tika
Trick	Tole

Climbing
A'Ea'E

Altitude	Aluega
Atmosphere	Atosepera
Boots	Fa'Avae
Cave	Ua
Curiosity	Iloa
Expert	Totoni
Gloves	Totigilima
Guides	Taiala
Helmet	Helme
Hiking	Sosoga
Injury	Manu'A
Map	Fa'Atau
Narrow	Vaiti
Stability	Mautu
Strength	Malosi
Training	A'Oa'Oga

Clothes
Laei

Apron	Ufiufi
Belt	Faitau
Blouse	Fulu
Bracelet	Taulima
Coat	Oti
Fashion	Faiga
Gloves	Totigilima
Hat	Pue
Jacket	Iaseti
Jeans	Ieani
Jewelry	Teuga
Necklace	Ula
Pajamas	Ofumoe
Pants	Ofuvae
Sandals	Soso
Scarf	Sikafu
Shirt	Ofu
Shoe	Seevae
Skirt	Sili
Sweater	Le Fa'Avae

Colors
Lanu

Azure	Azure
Black	Uliuli
Blue	Lanumoana
Brown	Lanu Enaena
Cyan	Cyan
Fuchsia	Siaia
Green	Lanu Meamata
Grey	Efuefu
Magenta	Magenta
Orange	Lanu Moli
Pink	Piniki
Purple	Lanu Viole
Red	Mumu
Sepia	Sepia
Violet	Vaioleti
White	Pa'Epa'E
Yellow	Lanu Samasama

Countries #1
Atunu'u #1

Brazil	Pasila
Canada	Kanata
Egypt	Aikupito
Finland	Finelani
Germany	Siamani
India	Initia
Iraq	'Iraki
Israel	Isalaeru
Italy	Italia
Latvia	Lativia
Libya	Lipe
Morocco	Moroko
Nicaragua	Nikarakua
Norway	Nouei
Panama	Panama
Poland	Polani
Romania	Romania
Spain	Sepania
Venezuela	Venesuela
Vietnam	Viatename

Countries #2
Atunu'u #2

Albania	Alepania
Denmark	Tenimaka
Ethiopia	Itiopia
Greece	Eleni
Haiti	Haiti
Jamaica	Saka
Japan	Iapani
Laos	Tagata Laos
Lebanon	Lepanona
Liberia	Laipiria
Mexico	Mesiko
Nepal	Nepal
Nigeria	Nigeria
Pakistan	Pakisitani
Russia	Lusia
Somalia	Sinasi
Sudan	Sāsāsa
Syria	Suria
Uganda	Uganda
Ukraine	Iukureini

Creativity
Foafoa

Artistic	Tusi
Authenticity	Fa'Amanatu
Clarity	Manino
Dramatic	Tatau
Expression	Faamatalaga
Ideas	Manatu
Image	Ata
Imagination	Mafaufauga
Intensity	Loto
Intuition	Potomasani
Inventive	Fuafuaga
Sensation	Lagona
Skill	Togi
Spontaneous	Fa'Avae
Visions	Faaaliga
Vitality	Ola

Dance
Siva

Academy	Aoga
Art	Tusi
Body	Tino
Choreography	Susa
Classical	Fa'Atasi
Culture	Aganuu
Emotion	Loto
Expressive	Fa'Amatalaga
Grace	Alofatunoa
Joyful	Olioli
Movement	Galue
Music	Musika
Partner	Paga
Rhythm	Fati
Traditional	Tunuu
Visual	Vaaiga

Days and Months
Aso ma Masina

April	Apelila
August	Aukuso
Calendar	Kalena
February	Fepuari
Friday	Aso Faralie
January	Ianuari
July	Iuli
March	Mati
Monday	Aso Gafua
Month	Masina
November	Novema
October	Okitopa
Saturday	Aso Tona'i
September	Setema
Sunday	Aso Sa
Thursday	Aso Tofi
Tuesday	Aso Lua
Wednesday	Aso Lulu
Week	Vaiaso
Year	Tausaga

Diplomacy
Tipiloma

Adviser	Fafautua
Ambassador	Amepasa
Citizens	Tagata
Civic	Sivic
Community	Nuu
Conflict	Tetee
Cooperation	Galuega
Diplomatic	Tiplomatic
Discussion	Talanoaga
Ethics	Fa'Ata'Iga
Foreign	Fafo
Government	Malo
Integrity	Faamaoni
Justice	Faamasinoga
Languages	Gagana
Politics	Polokiki
Resolution	Faaiuga
Security	Sauloiga
Solution	Fofo
Treaty	Feagaiga

Driving
Avetaavale

Accident	Fa'Aaliga
Brakes	Taofi
Car	Taavale
Danger	Tala
Driver	Faataitau
Fuel	Suau
Garage	Talata
Gas	Kesi
License	Lasene
Map	Fa'Atau
Motor	Afi
Motorcycle	Motoriti
Pedestrian	Tala'I
Police	Leoleo
Road	Auala
Safety	Saogalemu
Speed	Saopoti
Traffic	Tala'Iga
Truck	Tali
Tunnel	Ana

Energy
Malosiaga

Battery	Ma'A
Carbon	Kaponi
Diesel	Sinaso
Electric	Eletise
Electron	Elektroni
Entropy	Entropi
Environment	Si'Omaga
Fuel	Suau
Gasoline	Penisini
Heat	Vave
Hydrogen	Hisiti
Industry	Alusaga
Motor	Afi
Nuclear	Niukilia
Photon	Ata
Pollution	Lelei
Renewable	Fa'Avae
Steam	Aua
Sun	La
Wind	Savili

Engineering
Inisinia

Angle	Manatu
Calculation	Fa'Uga
Construction	Fausaga
Depth	Loloto
Diagram	Ata
Diameter	Tetelē
Diesel	Sinaso
Distribution	Tufaiga
Energy	Malosi
Liquid	Vai
Machine	Mesin
Measurement	Fua
Motor	Afi
Propulsion	Tu'Uina
Stability	Mautu
Structure	Faiga

Ethics
Amioga

Altruism	Agafai
Compassion	Alofa
Cooperation	Galuega
Dignity	Mamalu
Diplomatic	Tiplomatic
Humanity	Tagata
Individualism	Fa'Atototo'O
Integrity	Faamaoni
Optimism	Faasaoti
Patience	Onosai
Philosophy	Filosofi
Rationality	'Alofaga
Realism	Mea Moni
Reasonable	Faatatau
Respectful	Faaaloalo
Tolerance	Onofoli
Values	Tulaga
Wisdom	Poto

Farm #1
Fa'Ato'aga #1

Agriculture	Fa'Atoto
Bee	Pi
Calf	Pope
Cat	Pusi
Chicken	Moa
Cow	Popu
Crow	Matua
Dog	Maile
Donkey	Asni
Fence	Pa
Fertilizer	Sinaso
Field	Fua
Flock	Lafu Mamoe
Goat	Oti
Hay	Hai
Honey	Melu
Horse	Sofofoga
Rice	Isa
Seeds	Fatu
Water	Vai

Farm #2
Fa'Ato'aga #2

Animals	Manu
Barley	Karite
Barn	Falefa'Atau
Corn	Saga
Duck	Pato
Farmer	Faifaatoaga
Food	Meaai
Fruit	Fua
Irrigation	Alavai
Llama	Lama
Meadow	Mua
Milk	Susu
Orchard	Tonu
Sheep	Mamoe
Tractor	Palau
Vegetable	Laulau
Wheat	Saiga

Fishing
Fagotaga

Bait	Uuna
Basket	Ase
Beach	Matafaga
Boat	Vaa
Exaggeration	Sāso
Fins	Fisi
Gills	Tesi
Hook	Muku
Jaw	Iau
Lake	Leva
Ocean	Vasa
Patience	Onosai
River	Vaega
Season	Tau
Water	Vai
Weight	Mamafa

Flowers
Fugalaau

Bouquet	Pati
Clover	Sinasi
Daisy	Daisy
Dandelion	Daneliona
Gardenia	Togalaauia
Hibiscus	Hibiscus
Jasmine	Pesi
Lavender	Sinaso
Lily	Lili
Magnolia	Magnolia
Orchid	Oketi
Peony	Tfa
Petal	Petala
Plumeria	Suria
Poppy	Poppi
Sunflower	Fulu La

Food #1
Mea'ai #1

Barley	Karite
Basil	Pasila
Carrot	Karoti
Cinnamon	Inamona
Garlic	Kalikika
Juice	Suusu
Lemon	Lemoni
Milk	Susu
Onion	Aniani
Peanut	Peani
Pear	Tagata Pesi
Salad	Salati
Salt	Masima
Soup	Supo
Spinach	Spinaka
Strawberry	Sinasi
Sugar	Suka
Tofu	Tofu
Tuna	Tuna
Turnip	Tnipa

Food #2
Mea'ai #2

Apple	Apu
Asparagus	Sēsiā
Banana	Fa'l
Bread	Faiga
Celery	Susa
Cheese	Sisi
Cherry	Seri
Chicken	Moa
Chocolate	Sikalati
Egg	Fuamoa
Eggplant	Sinasi
Fish	I'A
Grape	Vine
Ham	Ham
Kiwi	Kiwi
Mushroom	Teina
Rice	Isa
Tomato	Tamato
Wheat	Saiga
Yogurt	Iooosa

Fruit
Fua

Apple	Apu
Apricot	Sinasi
Avocado	Sinaso
Banana	Fa'l
Berry	Beri
Cherry	Seri
Coconut	Niu
Fig	Ata
Grape	Vine
Guava	Kuava
Kiwi	Kiwi
Lemon	Lemoni
Mango	Mago
Melon	Meroni
Nectarine	Suasua
Orange	Lanu Moli
Papaya	Papaya
Peach	Peach
Pear	Tagata Pesi
Pineapple	Paina

Garden
Faatoaga

Bench	Nofoa
Bush	Vao
Fence	Pa
Flower	Fugalaau
Garage	Talata
Garden	Togalaau
Grass	Mutia
Hammock	Sinaso
Hose	Fa'Au
Orchard	Tonu
Pond	Vailepa
Rake	Salu
Shovel	Suo
Terrace	Terasa
Trampoline	Tampoline
Tree	Laau

Gardening
Fa'Ato'Aga

Blossom	Tulaga
Botanical	Sinaso
Bouquet	Pati
Climate	Tau
Compost	Faapala
Container	Ipu
Dirt	Lepea
Edible	'Aina
Exotic	Fa'Avae
Floral	Fulega
Foliage	Laulau
Hose	Fa'Au
Leaf	Lau
Moisture	Susu
Orchard	Tonu
Seasonal	Faavāvā
Seeds	Fatu
Water	Vai

Geography
Fa'Afanua

Altitude	Aluega
Atlas	Ēsiuā
City	Aai
Continent	Continente
Country	Atunuu
Hemisphere	Itulagi
Island	Motu
Latitude	Avanoa
Map	Fa'Atau
Meridian	Meridian
Mountain	Mauga
North	Matu
Ocean	Vasa
Region	Risone
River	Vaega
Sea	Sami
South	Saute
Territory	Teritori
West	Sisifo
World	Lalolagi

Geology
Fa'Afanua

Acid	Ēse
Calcium	Kamusi
Cavern	Ana
Continent	Continente
Coral	Amu
Crystals	Tioata
Cycles	T'Amilosaga
Earthquake	Mafuie
Erosion	Ala
Fossil	Fosi
Geyser	Sinasi
Lava	Lava
Layer	Vaega
Minerals	Mineral
Plateau	Peleteu
Quartz	Kuata
Salt	Masima
Stalactite	Stalactite
Stone	Maa
Volcano	Mapu

Geometry
Geometry

Calculation	Fa'Uga
Circle	Li'O
Curve	Palu
Diameter	Tetelē
Dimension	Tulafono
Equation	Fa'Ata'Iga
Height	Matua
Horizontal	Faalava
Logic	Manatu Poto
Mass	Misi
Number	Numera
Parallel	Fa'Atasi
Proportion	Vaega
Square	Sikuea
Surface	Lava
Symmetry	Fa'Aiga
Theory	Manatu
Triangle	Tafitoto
Vertical	Tusi

Government
Malo

Civil	Malo
Constitution	Fa'Avae
Democracy	Temokalasi
Discussion	Talanoaga
District	Itu
Equality	Fa'Atutusa
Independence	Tutoatasi
Judicial	Faamasino
Justice	Faamasinoga
Law	Tulafono
Leader	Taitai
Liberty	Saolotoga
Monument	Faamanatu
Nation	Atunuu
Peaceful	Filemu
Politics	Polokiki
Speech	Lauga
State	Setete
Symbol	Faatusa

Hair Types
Ituaiga Laulu

Bald	Tala
Black	Uliuli
Blond	Blue
Braided	Fili
Brown	Lanu Enaena
Curls	Pipi
Curly	Uimi
Dry	Mago
Gray	Efuefu
Long	Umi
Shiny	Iilau
Short	Pupuu
Smooth	Lelei
Soft	Mālū
Thick	Mafai
Thin	Manipei
White	Pa'Epa'E

Health and Wellness #1
Soifua Maloloina ma le S

Active	Galuega
Bacteria	Sili
Bones	Ivi
Doctor	Fomai
Fracture	Gaia
Habit	Mausa
Height	Matua
Hunger	Fia'Ai
Injury	Manu'A
Medicine	Vaila'au
Muscles	Musule
Nerves	Nefa
Pharmacy	Falemai
Reflex	Fa'Aaliga
Relaxation	Mafaufau
Skin	Pa'U
Therapy	Fofo
Treatment	Tofoaga
Virus	Vairusi

Health and Wellness #2
Soifua Maloloina ma le S

Allergy	Alele
Anatomy	Sinaso
Appetite	Fa'A'Ai
Blood	Toto
Calorie	Pesi
Dehydration	Tetei
Diet	Meaai
Digestion	Galue
Disease	Faama'I
Energy	Malosi
Genetics	Genetika
Hospital	Falemai
Hygiene	Tulafono
Infection	Siama
Massage	Misi
Mood	Agaga
Recovery	Toe Lelei
Stress	Fa'Atoto
Vitamin	Vaitamini
Weight	Mamafa

Herbalism
Fualaau

Aromatic	Sinasi
Basil	Pasila
Beneficial	Aoga
Flavor	Lava
Flower	Fugalaau
Garden	Togalaau
Garlic	Kalikika
Green	Lanu Meamata
Ingredient	Mea Fa'Avae
Lavender	Sinaso
Marjoram	Mariorama
Mint	Milisi
Oregano	Oregano
Parsley	Pasei
Plant	Loto
Quality	Uiga
Rosemary	Rosemary
Saffron	Sinaso
Tarragon	Sinaso
Thyme	Tuime

Hiking
Siva

Animals	Manu
Boots	Fa'Avae
Camping	Tolauapiga
Cliff	Pupū
Climate	Tau
Guides	Taiala
Heavy	Mamafa
Map	Fa'Atau
Mountain	Mauga
Nature	Natura
Orientation	Fa'Asa'Iga
Parks	Paka
Preparation	Sauniuniga
Stones	Maa
Summit	Tumutumu
Sun	La
Tired	Leva
Water	Vai
Wild	Vao

House
Fale

Basement	Fa'Avae
Bedroom	Potomoe
Broom	Salu
Curtains	Pupuni
Door	Fatotoa
Fireplace	Mafai
Floor	Fola
Furniture	Mea
Garage	Talata
Garden	Togalaau
Keys	Ki
Kitchen	Kuka
Lamp	Lima
Library	Faitau
Mirror	Fa'Ata
Roof	Taualuga
Room	Potu
Shower	Taele
Wall	Pa
Window	Faamalama

Human Body
Tino o le Tagata

Ankle	Totogi
Blood	Toto
Bones	Ivi
Brain	Fa'Atau
Chin	Auva
Ear	Taliga
Elbow	Tulilima
Face	Mata
Finger	Tamailima
Hand	Lima
Head	Ulu
Heart	Loto
Jaw	Iau
Knee	Tonu
Leg	Vae
Mouth	Gua
Neck	Ua
Nose	Isu
Shoulder	Tauau
Skin	Pa'U

Insects
Iniseti

Ant	Loi
Aphid	Aphid
Bee	Pi
Beetle	Pipi
Butterfly	Pepe
Cicada	Cicada
Cockroach	Moka
Dragonfly	Ē Sa'Oso
Flea	Ēsiuā
Grasshopper	Sēse
Hornet	Sinasi
Ladybug	Ladypug
Larva	Larva
Locust	Selise
Mantis	Manti
Mosquito	Namu
Moth	Mogamoga
Termite	Ta'Ua
Wasp	Iloa le Sap
Worm	Ilo

Jazz
Jazz

Album	Lipine
Applause	Patipati
Artist	Tusi
Composer	Fatupese
Composition	Fa'Avae
Concert	Konaseti
Drums	Tumu
Emphasis	Faamamafa
Famous	Lalaua
Improvisation	Fa'Aiga
Music	Musika
New	Fou
Old	Tuaai
Orchestra	Aufaaili
Rhythm	Fati
Song	Pese
Style	Iga
Talent	Taleni
Technique	Teknisi

Landscapes
Fa'Afanua

Beach	Matafaga
Cave	Ua
Cliff	Pupū
Desert	Toafa
Estuary	Susa
Geyser	Sinasi
Glacier	Aisa
Iceberg	Asipa
Island	Motu
Lake	Leva
Mountain	Mauga
Ocean	Vasa
Peninsula	Penisula
River	Vaega
Sea	Sami
Swamp	Taufusi
Tundra	Tundra
Valley	Vanu
Volcano	Mapu
Waterfall	Afu

Literature
Tusitala

Analogy	Fa'Atusa
Analysis	Iloiloga
Author	Tusi
Biography	Biografi
Comparison	Fa'Autuaga
Conclusion	Faaiuga
Description	Faamatalaga
Dialogue	Talanoaga
Fiction	Totonu
Metaphor	Fa'Atau
Narrator	Faamatalaina
Opinion	Manatu
Poem	Solo
Poetic	Fa'Atoto
Rhythm	Fati
Style	Iga
Theme	Autu
Tragedy	Tala

Mammals
Manumanu

Bear	Uiga
Beaver	Pipi
Bull	Pulu
Camel	Kamela
Cat	Pusi
Dog	Maile
Dolphin	Sinasi
Elephant	Elefane
Fox	Alope
Giraffe	Kirafe
Gorilla	Korila
Horse	Sofofoga
Kangaroo	Sinaso
Lion	Leona
Monkey	Manuki
Rabbit	Lapi
Sheep	Mamoe
Whale	Tafola
Wolf	Luko
Zebra	Sebra

Math
Math

Angles	Ā'Oga
Arithmetic	Fa'Atau
Circumference	Liomi
Decimal	Tesima
Diameter	Tetelē
Equation	Fa'Ata'Iga
Fraction	Vaega
Geometry	Āi o le Āiā
Parallel	Fa'Atasi
Perimeter	Pili
Polygon	Poligon
Rectangle	Fa'Ata'I
Square	Sikuea
Symmetry	Fa'Aiga
Triangle	Tafitoto
Volume	Tusi

Measurements
Fua

Byte	Byte
Centimeter	Sentimeter
Decimal	Tesima
Degree	Tiga
Depth	Loloto
Gram	Kalama
Height	Matua
Inch	Inisi
Kilogram	Kilokalama
Kilometer	Kilomita
Length	Umi
Liter	Lita
Mass	Misi
Meter	Mita
Minute	Minute
Ounce	Aune
Ton	Tona
Volume	Tusi
Weight	Mamafa
Width	Fa'Avae

Music
Musika

Album	Lipine
Ballad	Palata
Chorus	Kolu
Classical	Fa'Atasi
Harmonic	Samoni
Harmony	Totonu
Improvise	Sinaso
Instrument	Mefaigaluega
Melody	Fati
Melody	Fati
Musical	Musika
Musician	Famuusi
Poetic	Fa'Atoto
Recording	Loto
Singer	Pese
Tempo	Aiga
Vocal	Leo

Musical Instruments
Mea Fa'Amusika

Banjo	Sinaso
Bassoon	Bassoon
Cello	Selo
Clarinet	Puneta
Drum	Tapu
Flute	Fagufagu
Gong	Gong
Guitar	Gita
Harmonica	Harmonika
Harp	Mā'Ā
Mandolin	Mandolin
Marimba	Marimba
Oboe	Oboe
Percussion	Pusaga
Piano	Piano
Saxophone	Sāso
Tambourine	Tabourine
Trombone	Trombone
Trumpet	Pu
Violin	Vaiolini

Mythology
Tala Fa'Asolopito

Archetype	Archetype
Behavior	Amio
Beliefs	Talitonuga
Creation	Foafoaga
Creature	Tagata ua Ola
Culture	Aganuu
Disaster	Malama
Heaven	Lagi
Hero	Toa
Immortality	Le Lava
Jealousy	Lotus
Legend	Tala
Lightning	Uila
Monster	Sauai
Mortal	Tagata
Revenge	Totogi
Strength	Malosi
Thunder	Faititili
Warrior	Warriate

Nature
Natura

Animals	Manu
Arctic	Sinaso
Beauty	Lalelei
Bees	Pi
Clouds	Ao
Desert	Toafa
Erosion	Ala
Fog	Puao
Foliage	Laulau
Forest	Faafoaga
Glacier	Aisa
Peaceful	Filemu
River	Vaega
Sanctuary	Faasao
Serene	Toafilemu
Tropical	Tetika
Vital	Taua
Wild	Vao

Numbers
Numera

Decimal	Tesima
Eight	Valu
Eighteen	Sefuluvalu
Fifteen	Sefululima
Five	Lima
Four	Fa
Fourteen	Sefulufa
Nine	Iva
Nineteen	Sefuluiva
One	Tasi
Seven	Fitu
Seventeen	Sefulufitu
Six	Ono
Sixteen	Sefuluono
Ten	Sefulu
Thirteen	Sefulutolu
Three	Tolu
Twelve	Toasefululua
Twenty	Luasefulu
Two	Lua

Nutrition
Mea'Ai

Appetite	Fa'A'Ai
Balanced	Paleni
Bitter	Oona
Calories	Kalori
Carbohydrates	Kapolisita
Diet	Meaai
Digestion	Galue
Edible	'Aina
Fermentation	Fa'Atau
Flavor	Lava
Liquids	Suava
Nutrient	Niuterene
Proteins	Potino
Quality	Uiga
Sauce	Sausi
Toxin	Toxini
Vitamin	Vaitamini
Weight	Mamafa

Ocean
Vasa

Coral	Amu
Crab	Pa'O
Dolphin	Sinasi
Eel	Ofe
Fish	I'A
Jellyfish	Selei
Octopus	Āse
Oyster	Faisua
Reef	A'Au
Salt	Masima
Seaweed	Limu
Shark	Sāo
Shrimp	Uma
Sponge	Āmi
Storm	Afa
Tides	Tai
Tuna	Tuna
Turtle	Lameu
Waves	Galu
Whale	Tafola

Pets
Fagafao

Cat	Pusi
Collar	Kula
Cow	Popu
Dog	Maile
Fish	I'A
Food	Meaai
Goat	Oti
Lizard	Pise
Mouse	Isumu
Parrot	Paro
Puppy	Puppi
Rabbit	Lapi
Tail	I'U
Turtle	Lameu
Veterinarian	Fetinari
Water	Vai

Physics
Fisiki

Acceleration	Fa'Asa'E
Atom	Tagata Ā'Oa
Chaos	Nuu
Chemical	Kemimi
Density	Totonu
Electron	Elektroni
Engine	Afi
Formula	Fa'Atau
Frequency	Fa'Afio
Gas	Kesi
Magnetism	Maneta
Mass	Misi
Mechanics	Mesinika
Molecule	Ā'Ā
Nuclear	Niukilia
Particle	Fa'Atua
Relativity	Asoa
Speed	Saopoti
Universal	Fa'Avaele
Velocity	E O'O

Plants
La'Au

Bamboo	Ofe
Bean	Pani
Berry	Beri
Blossom	Tulaga
Botany	Botani
Fertilizer	Sinaso
Flora	Flora
Flower	Fugalaau
Foliage	Laulau
Forest	Faafoaga
Garden	Togalaau
Grass	Mutia
Grow	Atu
Ivy	Ivy
Moss	Moss
Petal	Petala
Root	A'A
Stem	La'A
Tree	Laau
Vegetation	Vao

Politics
Fa'Aupufai

Activist	Fa'Agaoga
Campaign	Fa'Aiga
Candidate	Sui
Choice	Filifiliga
Committee	Komiti
Council	Fono
Equality	Fa'Atutusa
Ethics	Fa'Ata'Iga
Freedom	Saolotoga
Government	Malo
Opinion	Manatu
Policy	Faiga
Popularity	Lelei
Strategy	Fuafuaga
Taxes	Lafoga
Victory	Manalo

Professions #1
Galuega #1

Ambassador	Amepasa
Astronomer	Fetono
Attorney	Loia
Banker	Tagata Tupe
Cartographer	Tagata Faitau
Coach	Faiaoga
Dancer	Siva
Doctor	Fomai
Editor	Faatonu
Firefighter	Timi
Hunter	Taumatu
Jeweler	Taua
Musician	Famuusi
Nurse	Tausaga
Pianist	Tapiani
Plumber	Paala
Sailor	Seila
Scientist	Saienisi
Tailor	Fesu'Iga
Veterinarian	Fetinari

Professions #2
Galuega #2

Astronaut	Fa'Amanatu
Biologist	Sinasi
Dentist	Fomai Nifo
Detective	Sili
Engineer	Inisinia
Farmer	Faifaatoaga
Gardener	Totonu
Illustrator	Faataata
Inventor	Fuafuaga
Journalist	Tusitala
Librarian	Le Libraria
Linguist	Agasi
Painter	Faatasi
Philosopher	Filosofo
Photographer	Ata Pue
Physician	Fimasi
Pilot	Pailate
Researcher	Su'Esu'Ega
Surgeon	Fitiitiiti
Teacher	Faiaoga

Psychology
Psychology

Assessment	Iloiloga
Behavior	Amio
Childhood	Tamaiti
Clinical	Falema'I
Conflict	Tetee
Dreams	Miti
Ego	Faamaualuga
Emotions	Loto
Ideas	Manatu
Memories	Manatua
Perception	Vaaiga
Personality	Tagata
Problem	Faafitauli
Reality	Mea Moni
Sensation	Lagona
Therapy	Fofo
Unconscious	Le Lelei

Rainforest
Vaomatua Timuga

Birds	Manele
Botanical	Sinaso
Climate	Tau
Clouds	Ao
Community	Nuu
Diversity	Feagaiga
Insects	Iniseti
Mammals	Mamali
Moss	Moss
Nature	Natura
Preservation	Faasaoina
Refuge	Lulufaiga
Respect	Faaaloalo
Restoration	Toefuataiga
Survival	Ola
Valuable	Taua

Restaurant #1
Fale'Aiga #1

Allergy	Alele
Bowl	Ipu
Bread	Faiga
Chicken	Moa
Coffee	Kofe
Dessert	Tulafono
Food	Meaai
Kitchen	Kuka
Knife	Naipi
Meat	Aano
Menu	Lisi Autu
Napkin	Ā'Aina
Reservation	Fa'Asao
Sauce	Sausi
Spicy	Ssi
Waitress	Faitauli

Science
Saienisi

Atom	Tagata Ā'Oa
Chemical	Kemimi
Climate	Tau
Data	Faamatalaga
Evolution	Evolusi
Experiment	Suesuega
Fact	Mea Moni
Fossil	Fosi
Gravity	Kalave
Hypothesis	Mafaufau
Laboratory	Falesuega
Method	Metoga
Minerals	Mineral
Molecules	Molekuula
Nature	Natura
Particles	Pitile
Physics	Fis
Plants	Lautau
Scientist	Saienisi

Science Fiction
Mea Faatusa

Atomic	Atomika
Books	Tusi
Chemicals	Vailaau
Cinema	Sini
Dystopia	Dyss
Explosion	Paa
Extreme	Matua
Fantastic	Faamanatu
Fire	Afi
Futuristic	Futuristi
Galaxy	Teiva
Illusion	Fa'Asao
Imaginary	Fa'Atau
Mysterious	Maliu
Oracle	Fa'Alau
Planet	Pelete
Robots	Sinaso
Technology	Teknolosi
World	Lalolagi

Scientific Disciplines
A'oga Fa'Asaienisi

Anatomy	Sinaso
Archaeology	Fa'Aaliga
Astronomy	Vaega
Biochemistry	Tagata Oli
Biology	Paiolosi
Botany	Botani
Chemistry	Kemisi
Ecology	Sikologai
Immunology	Imunology
Linguistics	Gagana
Mechanics	Mesinika
Meteorology	Susa
Mineralogy	Mineralgy
Nutrition	Fa'A'Ai
Physics	Fis
Physiology	Fisiologa
Psychology	Faamatalaga
Robotics	Robotika

Shapes
Fa'Atusa

Arc	Āoā Pesa
Circle	Li'O
Cone	Kone
Corner	Sili
Cube	Pusa Faatafa
Curve	Palu
Cylinder	Silini
Edges	Mata
Ellipse	Ellipse
Line	Laina
Oval	Li'o Laumiumi
Polygon	Poligon
Prism	Te'a e Te'A
Rectangle	Fa'Ata'I
Side	Itu
Square	Sikuea
Triangle	Tafitoto

Spices
Mea Manogi

Anise	Anise
Bitter	Oona
Cardamom	Katamo
Cinnamon	Inamona
Clove	Vaevaega
Cumin	Kumina
Curry	Kuri
Flavor	Lava
Garlic	Kalikika
Ginger	Sina
Licorice	Licorice
Onion	Aniani
Paprika	Paperika
Pepper	Pepa
Saffron	Sinaso
Salt	Masima
Sour	Oso
Sweet	Sui
Turmeric	Turmerika
Vanilla	Vanila

Sport
Ta'Aloga

Athlete	A'Ali'I
Body	Tino
Bones	Ivi
Cardiovascular	Sinasi
Coach	Faiaoga
Cycling	Ti'Etiele
Dancing	Siva
Diet	Meaai
Jogging	Tamoemoe
Maximize	Faatasi
Metabolic	Sinaso
Muscles	Musule
Nutrition	Fa'A'Ai
Program	Polokalama
Sports	Taloga
Strength	Malosi

Sports
Ta'Aloga

Athlete	A'Ali'l
Baseball	Pesipoli
Basketball	Pasketpola
Bicycle	Usisika
Championship	Silimu
Coach	Faiaoga
Golf	Kolf
Gymnasium	Ta'Ita'Iga
Gymnastics	Tagafiti
Hockey	Hoki
Movement	Galue
Player	Taaloga
Referee	Lauli
Stadium	Malae Taalo
Team	Au
Tennis	Tenisi
Winner	Manalo

The Company
Le Kamupani

Business	Pisinisi
Creative	Fofogaa
Decision	Faaiuga
Employment	Galuega
Global	Lalolagi
Industry	Alusaga
Innovative	Fuafuaga
Investment	Tu'Uina
Possibility	Fa'Atonu
Presentation	Tuuina
Product	Oloa
Progress	Aluaga
Quality	Uiga
Reputation	Taulaga
Resources	Punaoa
Risks	Luaga
Units	Iunite

Time
Taimi

After	Pea
Annual	Tausaga
Before	Mua
Calendar	Kalena
Century	Seneturi
Clock	Uati
Day	Aso
Decade	Sefulu
Early	Vaai
Future	Lumanai
Hour	Itula
Minute	Minute
Month	Masina
Morning	Taeao
Night	Po
Noon	Tuaono
Now	Nei
Today	Aso Nei
Week	Vaiaso
Yesterday	Ananafi

Town
Taulaga

Airport	Malaevaalele
Bakery	Faalafa'A'O
Bank	Faletupe
Bookstore	Faletusi
Cinema	Sini
Florist	Sinasi
Hotel	Faletalimalo
Library	Faitau
Market	Maketi
Museum	Falemataaga
Pharmacy	Falemai
School	Aoga
Stadium	Malae Taalo
Store	Faleoloa
Supermarket	Supamaketi
Theater	Fa'Aaliga
University	Iunivesete

Universe
Atulaulau

Asteroid	Sinasi
Astronomer	Fetono
Astronomy	Vaega
Atmosphere	Atosifera
Celestial	Selesitile
Darkness	Polisi
Equator	Ekuata
Galaxy	Teiva
Hemisphere	Itulagi
Horizon	Tafailagi
Latitude	Avanoa
Longitude	Loloni
Moon	Masina
Orbit	Āoāo
Sky	Vanimonimo
Visible	Vaai
Zodiac	Sinaso

Vacation #2
Aso Malolo #2

Airport	Malaevaalele
Beach	Matafaga
Camping	Tolauapiga
Destination	Fa'Au'Uga
Foreigner	Fafo
Hotel	Faletalimalo
Island	Motu
Journey	Malaga
Leisure	Fa'Aunaga
Map	Fa'Atau
Passport	Tusifolau
Sea	Sami
Tent	Faleie
Train	To'Atele
Transportation	Feagaiga
Visa	Visa

Vegetables
Fualaau Faisua

Broccoli	Sinaso
Carrot	Karoti
Celery	Susa
Cucumber	Kukama
Eggplant	Sinasi
Garlic	Kalikika
Ginger	Sina
Mushroom	Teina
Olive	Olive
Onion	Aniani
Parsley	Pasei
Pea	Pea
Potato	Petato
Pumpkin	Uku
Radish	Falesa
Salad	Salata
Seaweed	Limu
Spinach	Spinaka
Tomato	Tamato
Turnip	Tnipa

Vehicles
Ta'Avale

Airplane	Vaavale
Bicycle	Usisika
Bus	Pus
Car	Taavale
Caravan	Karaveni
Ferry	Vaa
Helicopter	Helikopa
Motor	Afi
Raft	Vaa
Rocket	Roketi
Scooter	Sikā
Shuttle	Ā'Oa
Submarine	Samaama
Tires	Pa'U
Tractor	Palau
Train	To'Atele
Truck	Tali
Van	Ta

Water
Vai

Canal	Alava
Drinkable	Inino
Evaporation	Sua
Flood	Lologa
Frost	Fulele
Geyser	Geyser
Humidity	Susu
Hurricane	Afā
Ice	Ice
Irrigation	Fa'ai Fai
Lake	Leva
Moisture	Susu
Monsoon	Tagata
Ocean	Vaaaga
Rain	Timu
River	Vaega
Shower	Fa'A'Ali
Snow	Kiona
Steam	Aua
Waves	Galu

Weather
Tau

Atmosphere	Atosifera
Calm	Filemu
Climate	Tau
Cloud	Ao
Drought	Mala
Dry	Mamago
Fog	Fog
Hurricane	Afā
Ice	Ice
Lightning	Uila
Monsoon	Tagata
Polar	Polar
Rainbow	Nuanua
Sky	Sky
Storm	Afa
Temperature	Maua
Thunder	Faititili
Tornado	Asifi
Tropical	Tetika
Wind	Savili

Congratulations

You made it!

We hope you enjoyed this book as much as we enjoyed making it. We do our best to make high quality games.
These puzzles are designed in a clever way for you to learn actively while having fun!

Did you love them?

A Simple Request

Our books exist thanks your reviews. Could you help us by leaving one now?

Here is a short link which will take you to your order review page:

BestBooksActivity.com/Review50

MONSTER CHALLENGE!

Challenge #1

Ready for Your Bonus Game? We use them all the time but they are not so easy to find. Here are **Synonyms**!

Note 5 words you discovered in each of the Puzzles noted below (#21, #36, #76) and try to find 2 synonyms for each word.

Note 5 Words from *Puzzle 21*

Words	Synonym 1	Synonym 2

Note 5 Words from *Puzzle 36*

Words	Synonym 1	Synonym 2

Note 5 Words from *Puzzle 76*

Words	Synonym 1	Synonym 2

Challenge #2

Now that you are warmed-up, note 5 words you discovered in each Puzzle
noted below (#9, #17, #25) and try to find 2 antonyms for each word.
How many lines can you do in 20 minutes?

Note 5 Words from **Puzzle 9**

Words	Antonym 1	Antonym 2

Note 5 Words from **Puzzle 17**

Words	Antonym 1	Antonym 2

Note 5 Words from **Puzzle 25**

Words	Antonym 1	Antonym 2

Challenge #3

Wonderful, this monster challenge is nothing to you!

Ready for the last one? Choose your 10 favorite words discovered in any of the Puzzles and note them below.

1.	6.
2.	7.
3.	8.
4.	9.
5.	10.

Now, using these words and within a maximum of six sentences, your challenge is to compose a text about a person, animal or place that you love!

Tip: You can use the last blank page of this book as a draft!

Your Writing:

Explore a Unique Store
Set Up **FOR YOU!**

MEGA DEALS

BestActivityBooks.com/**TheStore**

Designed for Entertainment!

Light Up Your Brain With Unique **Gift Ideas**.

Access **Surprising** And **Essential Supplies!**

CHECK OUT OUR MONTHLY SELECTION NOW!

- Expertly Crafted Products -

NOTEBOOK:

SEE YOU SOON!

Linguas Classics Team

ENJOY FREE GAMES

NOW ON

↓